국내 유일
신문과 양서가
만난
초등학생용
독서논술
지도서

시사가 있는
독서토론

행복한 논술 편집부
www.niefather.com

3~4학년 필독서 12권
입체 분석!

중급 3호

2주에 1권
완전 정복!

시사가 있는
독서토론

중급 3호

차례 보기

01	『착한 설탕 사 오너라』 행복을 전하는 '착한 설탕'	…………	4
02	『장순근 박사가 들려주는 바다 쓰레기의 비밀』 바다 쓰레기 줄이기	…………	12
03	『마법의 약이 넘쳐나는 얼렁뚱땅 과자나라』 달콤함에 숨겨진 과자의 비밀	…………	20
04	『왜 남극이 녹으면 안 되나요?』 남극 동물을 살려주세요	…………	29
05	『나라의 자랑 국보 이야기』 국보는 우리나라의 자랑	…………	38
06	『우리를 잊지 마세요』 동물도 행복할 권리가 있어요	…………	47
07	『말과 글에도 주인이 있어요!!』 남의 작품 허락 없이 퍼다 쓰면 도둑질	…………	56
08	『오천 년 우리 강 이야기』 조상들의 삶이 얽힌 우리 강 이야기	…………	65
09	『요하네스버그 가는 길』 흑인을 차별한 남아공 이야기	…………	74
10	『우리 역사를 품은 8가지 그림 이야기』 옛 그림에 담긴 재미있는 그림 이야기	…………	83
11	『읽으면 읽을수록 생각이 깊어지는 탈무드 이야기』 유대인에게 배우는 삶의 지혜	…………	92
12	『왜, 독감은 전쟁보다 독할까-세계사를 바꾼 전염병들』 전염병이 바꾼 인간의 역사	…………	101
	○ 답안과 풀이		110

1 『착한 설탕 사 오너라』

행복을 전하는 '착한 설탕'

『착한 설탕 사 오너라』

한미경 지음, 학고재 펴냄, 116쪽

 생각 열기

한 마을에 사는 친구 둘이 물건을 서로 바꿨는데 한 친구는 부자가 되고, 한 친구는 굶주린다면 그 마을은 어떻게 될까요?

이 책의 줄거리

'착한 설탕' 찾아 떠나는 공정 무역 여행

차웅이는 달큰숲에 사는 먹보 반달곰이다. 엄마가 차웅이에게 도토리 푸딩을 만든다고 '착한 설탕'을 사 오라고 심부름을 시켰다. 착한 설탕이 무엇인지 궁금한 차웅이는 심부름대장 부름이와 함께 부채도사 팔랑이를 찾아갔다.

팔랑이는 착한 설탕을 사려면 '숨은숲 시장'에 가야 살 수 있다고 알려줬다. 숨은숲 시장은 팔랑이가 내는 퀴즈 여행에서 점수를 따야 갈 수 있는 곳이었다. 차웅이는 도토리 푸딩을 먹기 위해 엄마의 심부름을 다녀오기로 결심하고 퀴즈 여행에 도전했다.

처음 도착한 곳은 인도의 인더스강 사탕수수밭이었다. 그곳에서 최초의 설탕인 돌꿀을 맛봤다. 그 다음에 도착한 티그리스강변의 왕국에서는 설탕이 약으로 쓰였다는 사실을 알았다. 차웅이는 다시 아프리카 원주민을 노예로 팔아 넘겨 설탕을 만들었던 시대의 아이티로 날아갔다.

여기서 착한 설탕이 무엇인지 알 수 있을 것 같았다. 차웅이는 곧 필리핀의 설탕마을을 찾아가 공정한 대가를 받고 만드는 설탕이 착한 설탕이라는 답을 맞혔다. 그리고 숨은숲에서 설탕을 구했다. 이 책은 사람들이 모두 행복해지는 세상에 관해 생각해볼 시간을 준다.

깊이 읽기

최초의 설탕은 사탕수수로 만든 '돌꿀'

"사탕수수를 모르던 옛 서양 사람들은 저걸 '돌꿀'이라고 했어. 돌처럼 딱딱한데 달콤한 꿀맛이 나니까. 그리스의 외교관이던 메가스테네스는 인도에 살면서 보고 들은 것을 『인도지』라는 책으로 썼는데, 그 책에서 처음으로 설탕을 소개했어." (32쪽)

설탕을 넣어 달콤한 음식을 만들기 시작한 것은 아주 오래된 일이다. 2200년 전 인도에서는 설탕을 넣어 만든 음식에 관련된 기록이 있다. 설탕은 사탕수수에서 나왔다. 사탕수수를 수확해 맷돌에 갈아 즙을 낸 뒤 이것을 졸여 시럽을 만들었다. 시럽을 식혀 굳힌 덩어리가 설탕인 것이다.

달콤한 설탕에 밴 노예들의 눈물

"맞아. 많이 만들어야 하니까 사람들이 많이 필요했을 거야. 그런데 많은 사람에게 일한 값을 쳐주려면 돈이 많이 드니까 농장 주인들은 아프리카 원주민들을 잡아 오기 시작했어. 이걸 '노예 사냥'이라고 해." (60쪽)

프랑스가 아이티섬을 지배하면서 거대한 사탕수수 농장이 생겼다. 이곳에서 일할 사람들을 아프리카에서 잡아 짐짝처럼 배에 태우고 왔다. 건강한 노예들은 농장에 팔렸고, 아픈 사람은 싼값에 몸종으로 팔렸다. 노예들의 눈물과 땀을 설탕으로 바꾼 것이다.

깊이 읽기

노예나 다름없이 사탕수수 농장서 일해

"배불리 먹여 준대서 이 먼 곳까지 왔는데, 우리를 어찌나 고약하게 부리는지 몰라. 조선에서는 글도 읽을 수 있었는데, 여기서는 노예나 마찬가지야. 내일 또 배가 들어오는데 조선 사람이 엄청나게 온다더라."(79쪽)

1902년 일본의 간섭으로 고달팠던 우리나라 사람들은 하와이로 이민을 가기 시작했다. 2년이 지나며 이민자 수는 7000명을 넘었다. 잘 살기 위해 이민했지만 일은 힘들었으며 간신히 끼니를 유지할 정도의 돈만 받아야 했다. 노예나 다름없는 생활을 한 것이다. 하지만 일본 사람들에게 괴롭힘을 당하는 것보다 낫다고 생각해 이민은 계속되었다.

공정한 대가를 치르고 산 것이 '착한 설탕'

"착한 설탕은 따로 있지 않아. 설탕을 만드는 사람들을 울리면 안 돼. 노예처럼 대하지 않고 일한 대가를 제대로 치러야지." "빰빠라 밤! 드디어 맞혔어. 축하해. 바로 그거야. 일한 사람에게 값을 제대로 치르는 설탕! 그게 바로 착한 설탕이야."(84쪽)

설탕을 만드는 생산자와 소비하는 소비자를 연결하는 상인이 있다. 그 가운데 어떤 사람들은 터무니없이 싼값에 설탕을 사들여 비싸게 팔기도 한다. 그런 중간 상인이 없이 설탕을 만든 사람과 파는 사람, 사는 사람이 모두 공정하게 이익을 나누자는 것이 공정 무역이다.

생각이 쑤욱

1 '공정 무역'으로 4행시를 지으세요.

```
공 ......................................
정 ......................................
무 ......................................
역 ......................................
```

2 유럽과 아프리카, 아메리카 등 세 대륙을 이어 이뤄지던 무역을 '삼각 무역'이라고 합니다. 각 대륙에서 가져간 것은 무엇인가요?
☞참고 : 술, 옷감, 유리구슬, 노예, 설탕, 코코아, 커피 등.

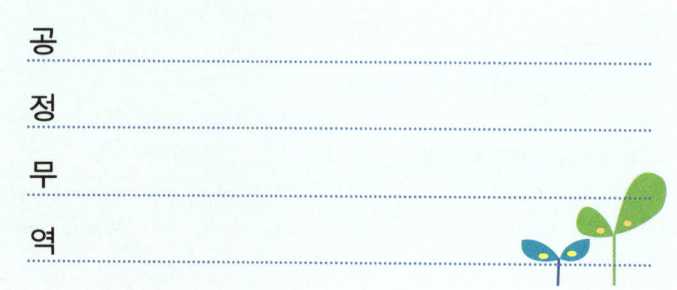

3 하와이에서 설탕을 만드는 과정을 순서대로 설명해보세요.

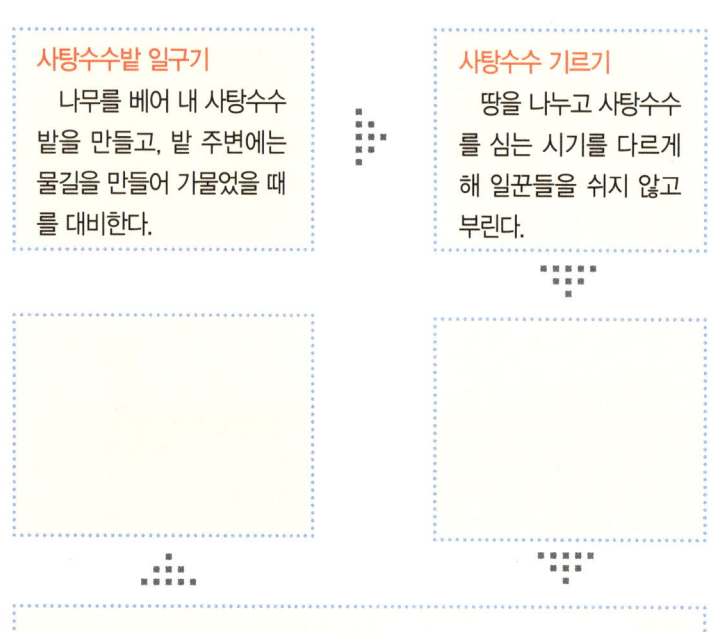

사탕수수밭 일구기
나무를 베어 내 사탕수수밭을 만들고, 밭 주변에는 물길을 만들어 가물었을 때를 대비한다.

사탕수수 기르기
땅을 나누고 사탕수수를 심는 시기를 다르게 해 일꾼들을 쉬지 않고 부린다.

머리에 쏘옥

초콜릿에는 어린이들의 땀이 배어 있어요

서부 아프리카에는 초콜릿의 원료인 코코아가 자랍니다. 세계 코코아의 70퍼센트 이상이 이곳에서 생산되지요.

그런데 코코아를 길러 수확하는 것은 다름 아닌 12~14세 어린이들입니다. 하루에 20시간씩 쉬지도 못하고 일하면서 받는 돈은 아주 조금입니다.

원료인 코코아를 구하는 데는 돈을 적게 들이고, 초콜릿은 비싸게 팔아 많은 이익을 남기려는 초콜릿 생산 기업들 때문이랍니다.

◐ 초콜릿에 코코아 농장에서 일하는 어린이 모습을 담은 사진.

생각이 쑤욱

4 차웅이가 착한 설탕을 찾기 위해 떠난 여행의 과정을 네 컷 만화로 표현하세요.

☞ 착한 설탕이 무엇인지 알아가는 과정을 4단계로 나눠 그립니다. 말풍선에는 말을 되도록 짧게 넣습니다.

머리에 쏘옥

착한 소비

값이 아무리 비싸고 좋은 물건이라도 사용하지 않으면 쓰레기일 뿐입니다. 따라서 필요 없는 물건을 사지 말아야 합니다. 그리고 정말 필요하다면 질이 좋은 제품을 사서 오래도록 사용하는 것이 좋습니다.

제품을 살 때 질과 가격만 볼 게 아니라 좋은 가치를 지녔는지도 따져보고 사는 것을 '착한 소비'라고 합니다.

물건을 사기 전에 제품이 친환경적인지, 공정한 무역 과정을 거쳤는지, 어떤 회사가 생산했는지 등을 꼼꼼하게 점검하라는 말입니다.

◐ 옷을 사면 어린이를 도울 수 있다는 회사의 홍보 사진.

5 일주일 동안 산 물건을 점점한 뒤 실천할 수 있는 착한 소비 생활을 세 가지만 말해보세요.

일주일 동안 산 물건 : 초콜릿,	
실천할 수 있는 착한 소비 생활	
1	공정 무역 제품을 산다.
2	
3	

생각이 쑥욱

6 아래 제시한 글을 읽고 내가 판사라면 어떻게 판결할지 말해 보세요.

> 노예를 태운 배에 전염병이 돌자 선장이 노예들을 바다에 던지라고 명령했습니다. 노예들은 쇠사슬에 묶인 채로 바다에 빠져 죽었습니다. 그런데 한 사람이 간신히 쇠사슬을 끊고 헤엄쳐 살아남았고, 이 사실이 영국 전체에 퍼졌습니다. 사람들은 선장을 법정에 세웠지만, 무죄로 풀려났습니다. 노예는 소나 돼지처럼 여겨도 된다는 것이었지요.

머리에 쏘옥

공정 여행

여행지의 경제를 살리면서 자연을 보호하고 문화를 존중하는 '공정 여행'에 관심이 커지고 있습니다. 즐기기만 하는 여행 때문에 생기는 환경 파괴와 낭비를 반성하고, 어려운 나라의 주민들을 조금이라도 돕자는 뜻에서 나왔지요.

공정 여행을 하려면 지역 주민이 운영하는 숙소나 음식점을 이용하고, 현지 안내인을 고용해 적절한 돈을 줘야 합니다. 되도록 친환경 교통 수단을 이용하며, 여행지의 역사를 배우고, 그 지역의 문화를 알리는 노력도 기울여야 합니다.

◎ 공정 여행을 하는 사람들이 여행지의 전통춤을 배우고 있다.

7 공정 여행 기획자는 공정 여행에 알맞은 프로그램을 만드는 일을 합니다. 공정 여행 기획자 입장에서 여행 프로그램 아이디어를 내보세요.

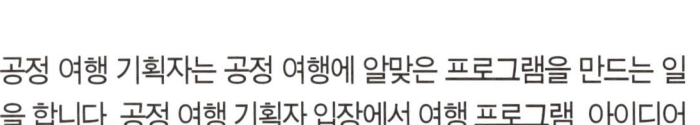
☞ 공정 여행 기획자는 사람들이 착한 소비와 공정 무역에 관심을 갖도록 프로그램을 만듭니다.

환경 보호를 생각하는 여행	
− 비행기 이용 줄이기 − 일회용품 쓰지 않기 − 물을 낭비하지 않기	

생각이 쑤욱

8 노예처럼 일했던 하와이 사탕수수 농장과 공정한 대가를 받고 일하는 필리핀 설탕 마을의 공통점과 차이점을 들고, 느낀 점도 말해보세요.

구분	하와이 사탕수수 농장	필리핀 설탕 마을
공통점		
차이점		
느낀 점		

2 『장순근 박사가 들려주는 바다 쓰레기의 비밀』

바다 쓰레기 줄이기

『장순근 박사가 들려주는 바다 쓰레기의 비밀』

장순근 지음, 리젬 펴냄, 94쪽

 생각 열기

바다로 놀러가 빈 병을 버리면 어떻게 될까요?

이 책의 줄거리

바다에 쓰레기 버리면 사람을 위협한다

바다 한복판에 '쓰레기섬'이 있다는 사실을 아는 사람은 드물다. 하와이 북동부 태평양과 일본 동쪽 해상에 우리나라의 일곱 배에 이르는 커다란 쓰레기섬이 2009년 8월에 발견되었다. 해양과학자들은 이 쓰레기섬의 무게가 1억 톤에 이른다고 한다. 플라스틱병과 인형, 스티로폼과 같은 작은 것부터 쓰나미 피해 때 바다로 휩쓸려간 집이나 해안가의 건축물까지 마구 뒤섞여 있다. 대부분 육지에서 버린 쓰레기들이 바다로 흘러들어가 거대한 쓰레기섬을 만든 것이다.

이 쓰레기들은 1밀리미터 정도의 작은 크기로 쪼개져 물고기 밥이 되기도 하고, 새들의 먹이가 되기도 한다. 많은 수산물이 식탁에 오른다는 것을 생각하면, 이 쓰레기섬은 사람의 건강을 크게 위협한다. 쓰레기섬 주변에 살던 물고기들이 작은 쓰레기들을 먹고, 사람들은 또 그 물고기들을 잡아먹기 때문이다.

육지에서 흘러들어온 쓰레기뿐만 아니라 죽은 물고기와 물속에 가라앉은 배, 바다에서 뿜어져 나오는 기름 등 바다 쓰레기들을 줄이고 없애는 방법을 알 수 있는 책이다.

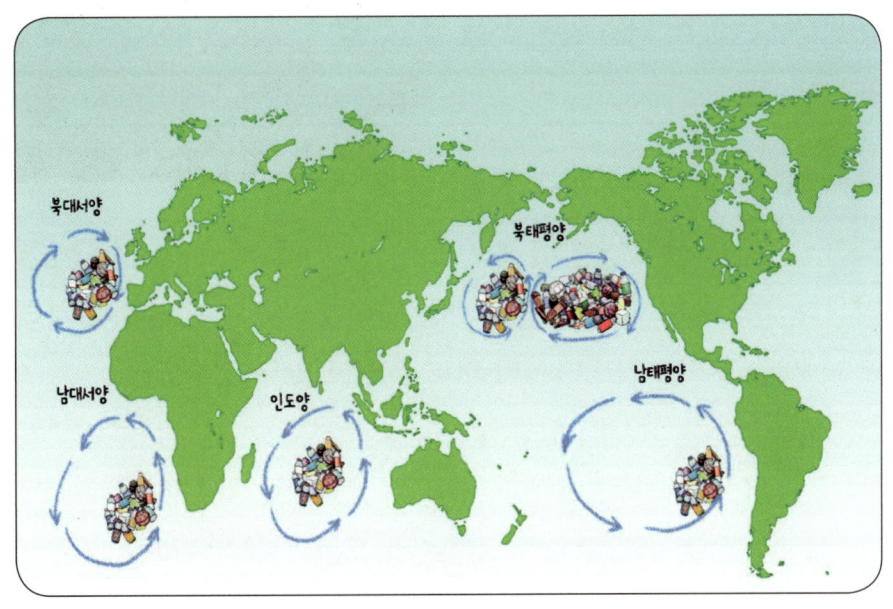

깊이 읽기

바다 쓰레기는 대부분 육지에서 버린 것

바다는 사람들이 옛날부터 물고기를 잡는 큰 어장이었습니다. 바다를 통해 이웃 나라와 교역하면서부터 바다는 또 하나의 길이 되었습니다. 지금 이 길에 엄청나게 많은 쓰레기들이 떠다니고 있습니다. (9쪽)

바닷가 곳곳에서 유리병과 플라스틱 그릇, 과자 봉지, 깡통, 타이어, 죽은 동물 등 다양한 종류의 쓰레기들을 볼 수 있다. 바닷가뿐만 아니라 먼바다에도 엄청나게 많은 쓰레기들이 떠다닌다. 대부분의 쓰레기는 육지에서 버려 강을 타고 바다로 흘러든 것들이고, 배에서 버린 것들도 있다.

생활 하수와 오염된 물도 바다로 흘러들어

더러운 물은 바닷물에 섞이면 보이지 않습니다. 또 아무리 큰 물체도 바다에 가라앉으면 보이지 않습니다. 바다가 워낙 넓고 깊기 때문입니다. 하지만 바다에는 눈에 띄지 않는 쓰레기들도 많습니다. (39쪽)

◯ 하수 처리 시설.

집에서 나오는 생활 하수와 도로 청소를 한 물, 밭이나 논에서 뿌린 비료나 농약도 강을 통해 바다로 흘러든다. 우리나라는 하수 찌꺼기와 가축 분뇨를 2012년부터 버리지 않고 있으며, 음식물에서 나오는 폐수는 2013년부터 버리지 않고 있다.

 깊이 읽기

쓰레기 먹고 소화시키지 못해 죽는 동물도 많아

사람이 버린 쓰레기는 하수든 고체 쓰레기든 바다의 생태에 크고 작은 영향을 줍니다. 며칠 있다 사라질 수도 있지만, 아주 오래 남는 경우도 많습니다. 사람도 고생하지만 무수한 새와 포유동물들이 쓰레기 때문에 죽습니다. (49쪽)

바다가 기름에 오염되면 바다에 사는 동물과 식물이 산소 부족으로 죽는다. 물고기도 기름 냄새가 나 잡아먹을 수 없다. 바닷가에 쓰레기가 쌓이면 관광객도 찾지 않는다. 바다에 사는 새나 물개, 거북 같은 동물들은 쓰레기에 엉켜 죽기도 한다. 쓰레기가 먹이인 줄 알고 먹었다가 소화를 시키지 못해 배가 불러 굶어 죽는 경우도 있다.

쓰레기 분리해 수거하면 양 줄일 수 있어

바다 쓰레기를 줄이려면 먼저 땅에서 잘해야 합니다. 쓰레기를 적게 만들고, 생긴 쓰레기를 잘 처리해야 합니다. 쓰레기를 적게 만들려면 물과 음식물을 포함한 모든 물자를 절약해야 합니다. (88쪽)

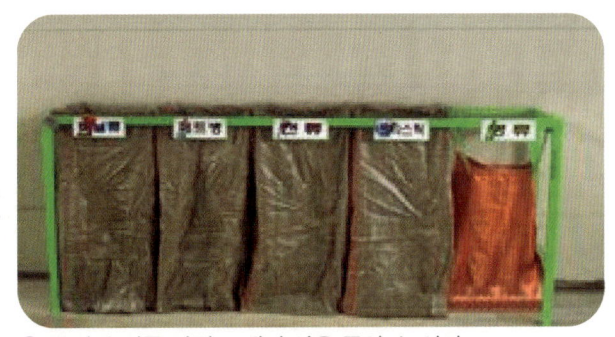

○ 분리 수거를 하면 쓰레기 양을 줄일 수 있다.

생활 쓰레기는 분리 수거를 통해 재활용하면 버리는 양을 줄일 수 있다. 생활 하수나 공장 하수도 하수처리장에서 정화시켜 바다로 버리면 된다. 쓰레기가 생기는 모든 곳에 적용되는 쓰레기 처리 관련 법과 규정을 만들어 지켜야 한다. 법이나 규정을 만들고 지키는 것보다 더 중요한 것은 바다를 사랑하는 마음이다.

 생각이 쑤욱

1 바다가 주는 이로움을 아는 대로 말해보세요.

 머리에 쑤욱

쓰레기가 썩으려면 얼마나 걸릴까

생활에서 나오는 쓰레기는 대부분 땅에 묻습니다. 하지만 오랜 시간이 흘러도 썩지 않는 쓰레기들이 많이 늘어났어요. 쓰레기가 썩는 기간은 아래 표와 같이 각각 다릅니다.

구분	썩는기간
종이	2~3년
나무젓가락	20년 이상
종이컵	
가죽구두	20~40년
나일론천	30~40년
스티로폼	50년 이상
알루미늄캔	80~100년
플라스틱	50~90년
칫솔	100년 이상
종이기저귀	500년 이상
유리병	1000년 이상

2 바다에 버린 쓰레기는 바닷가로 밀려와 쌓이거나 바다 밑에 가라앉습니다. 이 쓰레기들은 어떤 문제를 일으킬까요?

3 바다 쓰레기의 최후 모습이 각각 어떻게 다른지 빈칸을 채우세요.

쓰레기 종류	최후 모습
죽은 동물	
기름(원유)	
배	
플라스틱, 유리	

생각이 쑤욱

4 다음은 쓰레기를 분리 수거하는 방법을 나타낸 표입니다. 우유팩과 캔, 유리병은 어떻게 수거하면 좋을까요?

쓰레기 종류	분리 수거 방법
신문	반듯하게 펴고 차곡차곡 쌓아 묶는다.
페트병	포장을 떼어낸 뒤 물로 헹궈 납작하게 만든다.
우유팩	
캔	
유리병	

5 아래 사진은 바다에 버려지는 플라스틱 쓰레기가 바다 밑에 그대로 쌓인다는 것을 표현한 광고입니다. 사진에 어울리는 광고 문구를 만들어보세요.

○ 일회용 숟가락(왼쪽 사진)과 빨대를 사용해 바다 밑을 표현한 광고.

머리에 쏘옥

쓰레기 줄이는 방법

쓰레기 문제를 해결하는 가장 좋은 방법은 쓰레기가 나오는 양을 줄이는 것입니다. 쓰레기를 줄이는 방법은 다음과 같습니다.

◇**분리해 버리기** = 쓰레기를 버리기 전에 재활용 가능 표시를 확인하고, 재활용품을 분리해 내놓습니다.

◇**장바구니 들고 다니기** = 장바구니를 들고 다니면 비닐봉지는 물론 종이 쇼핑백도 필요하지 않아 쓰레기가 줄어듭니다.

◇**일회용품 사용 줄이기** = 개인 컵과 손수건을 사용하며, 도시락도 재사용 가능한 통을 이용해 일회용품 사용을 줄입니다.

◇**아끼고 나눠 쓰기** = 옷과 장난감 등은 이웃과 돌려 쓰고, 고장난 물건은 수리해 사용합니다.

◇**과대 포장 하지 않기** = 상품은 포장이 없는 것이나 간단한 것을 선택하고, 재활용이 어려운 재질로 된 포장은 되도록 사용하지 않습니다.

6 과자를 고급스럽게 보이기 위해 겉포장을 화려하게 만들다 보니 내용물은 절반이 채 안 되는 제품이 많다고 합니다. 이렇게 과대 포장을 하면 왜 안 되는지 과자 회사 담당자를 설득하세요.

○ 전체 상자의 80퍼센트가 포장인 과자. 이 과자는 생산이 중단되었다.

생각이 쑥욱

7 종이 쓰레기를 재활용해 새로 종이를 만들거나 우유팩으로 화장지를 만들 수 있습니다. 이처럼 쓰레기를 재활용할 수 있는 아이디어를 내보세요.

○ 어린이들이 이면지를 활용해 재생 종이를 만들고 있다.

8 남극 바다에서도 쓰레기가 발견되었다고 합니다. 남극 바다에 스티로폼으로 만든 컵라면 그릇이 떠내려와 펭귄들이 먹는다면 어떤 일이 일어날지 이야기를 지어보세요.

물고기를 잡으러 간 아빠를 기다리던 아기 펭귄 앞으로 알록달록 그림이 그려진 컵라면 그릇이 떠내려왔습니다.

....
....
....
....
....
....
....
....

머리에 쏘옥

쓰레기 재활용 방법

생활 쓰레기는 불로 태우거나 땅에 묻기, 재활용 등의 방법으로 처리합니다. 이 가운데 쓰레기를 재활용하는 방법이 자원을 절약하고 환경 오염을 막는 데 가장 좋습니다.

음식물 쓰레기는 물기를 제거해 식물을 키우는 퇴비나 가축 사료로 사용합니다. 신문은 잉크를 없앤 뒤 다시 신문지로 재활용하고, 우유팩은 약품을 섞어 화장지를 만듭니다. 페트병은 운동복이나 휴대전화 부품을 만들 수 있습니다. 페트병 네 개로 셔츠 한 벌을 만든다고 합니다.

유리병은 녹여 새로운 유리 제품을 만들고 캔도 녹여 자동차 부품이나 음료수 캔을 만듭니다.

○ 재활용 마크

9 행복이는 쓰레기가 썩는 기간을 실험을 통해 알아본 뒤 일기를 썼습니다. 행복이 입장에서 실험 일기를 완성하세요.

1. 준비물
상자 2개, 과자 봉지, 배추 잎, 신문지, 흙 등.

2. 실험 방법

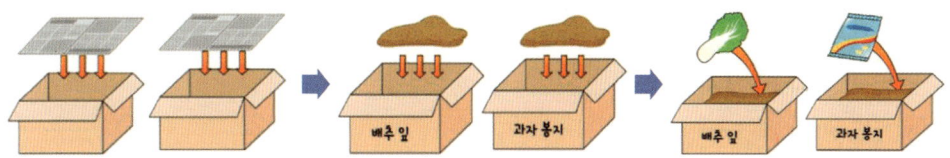

① 흙이 새어나오지 않도록 상자의 바닥에 신문지를 깔고, 상자에 각각 '배추 잎'과 '과자 봉지'라고 적는다.
② 상자 높이의 3분의 2 정도까지 흙을 채우고, 흙 속에 배추 잎과 과자 봉지를 각각 넣은 뒤 한 달 동안 따뜻한 곳에 놓는다.
③ 한 달 뒤 흙을 파내고 배추 잎과 과자 봉지를 비교한다.

3. 실험 결과
한 달이 지난 뒤 흙을 파헤쳐 보면 과자 봉지는 그대로이지만 배추 잎은 많이 썩어 있다. 배추 잎은 흙 속의 미생물에 의해 분해되었기 때문이다. 과자 봉지는 미생물이 분해하기 어려운 물질이기 때문에 그대로 남아 있다.

4. 실험한 뒤 느낀 점

3 『마법의 약이 넘쳐나는 얼렁뚱땅 과자나라』

달콤함에 숨겨진 과자의 비밀

『마법의 약이 넘쳐나는 얼렁뚱땅 과자나라』

나이마 로버트 지음, 스푼북 펴냄, 32쪽

 생각 열기

좋아하는 과자 봉지 뒷면에 적힌 설명서를 읽어본 적이 있나요? 어떤 성분이 들어 있는지 살펴보세요.

본문 맛보기

과자 만들 때 쓰이는 '마법의 약'에 숨겨진 비밀

준서는 과자를 아주 좋아합니다. 과자 동호회 사이트에서 우수 회원으로 활동할 정도입니다. 그런 준서에게 과자 페스티벌 초대장이 도착합니다. 과자는 물론 아이스크림과 패스트푸드를 하루 종일 공짜로 먹을 수 있는 꿈의 페스티벌입니다. 준서는 과자 페스티벌에 갈 수 있는 방법을 친구들에게 알려줍니다. 그리고 친구들도 페스티벌에 참가할 수 있는 기회를 얻습니다.

페스티벌이 열리는 날, 아이들은 들뜬 마음으로 행사장을 찾습니다. 우유와 아이스크림, 즉석 식품 등 각각의 행사장에는 흥미로운 볼거리가 가득합니다. 그런데 아이들은 이상한 점들을 발견합니다. 사과 한 개로 사과 주스 수십 병을 만들고, 딸기 우유를 만드는 젖소는 이상한 벌레를 먹습니다. 심지어 레몬이 없이 레몬 주스를 만들며, 그 주스에 성분 하나만 바꿔 넣으면 포도 주스가 된다는 사실도 압니다.

아이들은 이상한 경험까지 합니다. 귤의 속껍질을 벗기는 데 쓰이는 '마법의 약'에 손을 넣은 현우의 손바닥 살갗이 벗겨진 것입니다. 늘씬한 바나나 우유 아가씨는 몸매나 예쁜 얼굴과 달리 몸에서 퀴퀴한 냄새를 풍겼습니다. 과자의 성에서 자신들이 엉터리로 만든 과자 포환을 맞은 쥐들의 피부가 붉게 물들기도 하고, 갑자기 부풀어 오르기도 했습니다. 어떤 쥐는 그 자리에 쓰러져 온 몸을 떨기도 했지요. 아이들은 차츰 마법의 약이 얼마나 위험한지 깨닫습니다.

깊이 읽기

바나나 우유에는 바나나가 들어가지 않아

"잠깐, 그러면 바나나 우유에도 바나나가 들어가는 게 아니잖아." 다른 아이들도 걸음을 멈추고 서로를 바라보았습니다. 우유 이벤트장의 문은 이미 굳게 닫혀버렸습니다. (45쪽)

우유 이벤트장에서 만난 딸기 우유 아주머니는 아이들에게 딸기 우유를 짜는 젖소를 보여주고, 갓 짜낸 신선한 딸기 우유를 줬다. 하지만 딸기 우유를 만드는 젖소에게 딸기가 아니라 벌레를 먹여 젖을 짠다는 사실을 알고 놀랐다. 바나나 우유에도 바나나를 넣은 게 아니라, 치자를 먹인 젖소에게 짠 우유임을 알았다.

귤껍질 벗기는 데 쓰이는 마법의 약 '위험'

"하하, 꼭 귤껍질 벗겨지듯 네 손도 벗겨지는 것 같다." 준서가 웃으면서 말했습니다. "그리고 보니 아까 유리 상자 속을 휘저었던 손만 이러네."(76쪽)

마술사는 귤통조림을 만드는 방법을 보여줬다. 호리병의 약을 귤 상자 속으로 쏟아부은 뒤 휘휘 저었다. 그러자 귤의 속껍질만 위로 떠올랐다. 마술사는 호리병의 약은 물과 같아 먹어도 별 이상이 없다고 한다. 그 말을 믿은 현우가 상자에 손을 넣어 저어보았더니, 손의 살갗이 벗겨져 있었다.

깊이 읽기

방부제 넣은 햄버거 빵 100년 지나도 안 썩어

'물 먹인 햄에 양념 투성이 치즈, 뭘 넣었는지도 모르는 패트에 100년 된 빵까지, 도대체 이런 햄버거를 누가 먹는다는 거야!' (121쪽)

푸른 연기의 방 아줌마가 만든 햄버거는 방부제를 얼마나 넣었는지 빵이 100년이 지나도 썩지 않았다. 분홍색 두부처럼 보이던 햄과 노란 치즈는 오랫동안 이상한 양념에 담가 두었다. 게다가 패트는 고기와 뼈, 각종 야채를 포함해 이것저것 마구 넣고 믹서에 갈아 만들었다. 그런데 패스트푸드점에서 먹었던 햄버거와 같은 맛이 나서 놀랐다.

첨가물 들어간 식품은 건강에 해로워

"응. 나도 왠지 모르지만 별로일 것 같아. 만드는 재료나 방법이 생각했던 것과 너무 달라서 놀랐어. 그렇게 만든 것들을 맛있다고 먹었으니…. 앞으로는 절대로 먹지 않을 거야."(163쪽)

페스티벌에서 '최고의 고객'으로 뽑히면 그 회사에서 나오는 모든 과자와 아이스크림을 평생 공짜로 먹을 수 있다. 그런데 아이들이 모두 최고의 고객이 안 된 게 다행이라고 입을 모았다. 과자와 아이스크림, 과일 음료, 햄버거 등에 숨겨진 비밀을 알았기 때문이다. 맛과 색을 좋게 하고 오래 보관하기 위해 첨가물을 넣은 식품은 몸을 병들게 할 수 있다.

묻고 답하기

1. 과자 페스티벌에 참가한 사람들은 어떤 혜택을 받을 수 있나요?

2. 딸기 우유 젖소의 여물통에 손을 넣었던 준서가 깜짝 놀란 이유를 말해보세요.

3. 마술사 호리병에 담긴 '마법의 약'은 무엇이었나요?

4. 푸른 연기의 방에서 햄버거 아줌마는 양념을 만들다 실패하면 소비자들이 해결해 준다고 말합니다. 소비자들이 어떻게 해결해 준다고 했나요?

5. 과자로 만든 성에서 쥐를 막기 위해 과자를 어떻게 만들었는지 설명하세요.

생각이 쑤욱

1 과자 페스티벌에서 아이들이 겪은 일을 정리하고 무엇을 깨달았는지도 말해보세요.

장소	겪은 일
우유 이벤트장	
과일 음료방	
귤통조림방	
푸른 연기의 방	

2 준서는 과자 동호회 '과자가 좋아' 사이트에서 우수 회원으로 활동할 만큼 과자를 좋아해요. 그런데 준서가 과자 페스티벌에 다녀온 뒤 이 사이트에 어떤 글을 남겼을까요?

생각이 쑥쑥

3 어릴 적부터 단맛에 길들여지면 자라면서 더욱 단 것을 찾습니다. 맛도 좋고 영양도 풍부한 간식을 만드는 방법을 한 가지만 찾아 소개하세요.

4 사탕이나 과자, 아이스크림 등을 만드는 공장에서 나온 과자가 몸에 해롭다는 사실을 어린이들에게 알리는 행사를 열려고 합니다. 아이들이 눈으로 보고 몸으로 느끼는 체험을 통해 과자를 멀리하게 하려면 어떻게 해야 할지 아이디어를 내보세요.

머리에 쏘옥

가공 식품

가공 식품은 식품을 오래 보존하고, 편리하게 이용하기 위해 여러 가지로 처리한 식품입니다. 식품 가공 기술이 발달하며 간편하게 먹을 수 있는 다양한 가공 식품이 생산되지요.

가공 식품은 자연에서 얻은 식품과는 달리 계절에 관계없이 언제든지 살 수 있고, 자연 식품보다 보존 기간이 길며, 조리도 간편하지요.

최근에는 가정에서 손쉽게 먹을 수 있고 다양한 맛과 향 등을 가진 가공 식품들이 많이 개발되어 선택의 폭도 넓어지고 있어요.

가공 식품에는 식품명, 재료명, 첨가물명, 용량, 제조 연월일 또는 유통 기한, 보관할 때 주의할 점, 제조 회사 등을 적어야 하므로 구입할 때 잘 확인해야 합니다. 또 가공 식품은 저장 기간이 비교적 길지만, 유통 기한이 지나면 변질될 수 있으므로, 살 때 유통 기한과 포장 상태를 잘 확인해야 합니다.

생각이 쑤욱

식품 첨가물

5 최근에는 제과업체에서 소비자를 끌어들이기 위해 '자연'이나 '엄마'라는 단어를 이용해 자주 광고를 합니다. 아래와 같은 과자 광고 문구는 소비자들에게 어떤 영향을 미칠까요?

☞ 자연을 노래하는 '농로', 과자로 영양을 설계하다.
☞ '닥터 유', 나를 어루만지는 엄마의 손길.
☞ '마더스 핑거', 자연이 만든 우리 아이 간식.

식품 첨가물은 가공 식품을 만들 때 맛이나 색깔이 변하지 않고 오래 저장할 수 있도록 넣는 물질입니다.

식품 첨가물은 크게 보존제와 방부제로 구분됩니다.

보존제는 식품의 맛이나 색깔 등 특성을 오랫동안 유지시키기 위해 넣으며, 방부제는 세균이나 곰팡이에 의해 식품이 변하는 것을 막기 위해 넣습니다.

그런데 첨가물에 따라서는 건강에 좋지 않은 영향을 줄 수 있는 것도 있습니다. 그래서 정부는 몸에 해로운 첨가물을 넣지 못하도록 하거나 넣는 양을 엄격하게 제한하고 있습니다. 하지만 가공 식품마다 첨가물이 들어가므로 가공 식품을 계속 먹는다면, 몸에는 많은 양의 첨가물이 쌓이지요. 더구나 가공 식품을 자주 먹으면 모르는 사이에 먹은 다양한 종류의 첨가물이 몸에서 화학 반응을 일으켜 건강을 해칠 수도 있답니다.

6 아래 글을 읽고 소비자의 입장에서 가짜 두부 과자를 만든 업체에게 왜 이런 과자를 만들면 안 되는지 말해주세요.

> 지난해 안양에서 두부의 핵심 원료인 콩과 두부를 사용하지 않고 밀가루와 설탕, 쇼트닝 등으로 두부 과자를 만든 업체가 적발됐다. 이 업체는 가짜 두부 과자를 식당 등에 팔아 수천만 원의 부당한 이득을 챙겼다. 웰빙 바람을 타고 콩이나 두부로 만든 과자가 인기를 끌자 이 점을 노려 가짜 과자를 만든 것이다.

생각이 쑥욱

7 과자와 아이스크림 등에는 첨가물이 많이 들어가요. 식품 첨가물이란 무엇이고, 건강에 얼마나 위험한지 설명하세요(400~500자).

4 『왜 남극이 녹으면 안 되나요?』

남극 동물을 살려주세요

『왜 남극이 녹으면 안 되나요?』

김지현 지음, 참돌어린이 펴냄, 136쪽

 생각 열기

아래 4장의 남극 사진을 보고, 남극이 어떤 곳일지 말해보세요.

 본문 맛보기

검은 연기를 쫓아 남극으로 떠나

　꽁이는 남극에 사는 황제펭귄이다. 엄마 아빠를 찾아 바다를 헤매다 한국까지 떠밀려왔다. 검은 연기 때문에 빙하가 녹아 생긴 사고다. 꽁이는 재희에게 재희의 집에서 빠져나온 검은 연기를 쫓아가자고 했다. 재희는 자기가 만든 검은 연기는 직접 없애겠다며 꽁이와 함께 남극으로 떠났다.

　꽁이와 재희는 남극에서 남극물개인 남식이를 만났다. 남식이도 엄마를 찾고 있었다. 꽁희와 재희, 남식이가 함께 길을 떠났지만 검은 연기 때문에 빙하가 녹아 다니기 힘들었다. 그래서 바다로 헤엄쳐 다니다가 표범해표에게 잡아먹힐 뻔 했다. 남극물개 무리가 사는 곳을 발견했지만, 남식이 엄마는 사람들에게 잡혀가고 없었다. 사람들이 만든 포경 기지에도 가봤지만, 남식이 엄마를 찾을 수 없었다. 남식이는 엄마를 찾는 것을 포기하고, 남극물개 마을로 돌아갔다.

　재희는 강한 바람에 날려가 꽁이와 헤어졌다. 꽁이를 찾아 남극의 구석구석을 살펴봤더니, 남극은 얼음이 다 녹아 허허벌판으로 변해 있었다. 동물은 대다수가 사람들에게 잡혀갔고, 남아있는 동물은 먹을 것이 없어 힘들어했다. 재희는 남극을 이렇게 만든 검은 연기를 불러 에너지 절약 방법을 실천하겠다고 말했다. 그러자 검은 연기가 사라졌다.

깊이 읽기

북극과 달리 남극은 육지고 주인 없어

"지구본 아래쪽에 위치한 곳이 바로 꽁이의 고향 남극이에요. 이러한 극지는 눈이 쌓여 이루어진 대륙 빙하와 바다가 얼어서 만들어진 해빙으로 이루어져 있어요."(21쪽)

남극과 북극은 얼음으로 덮여 있어 비슷해 보이지만, 남극은 육지고 북극은 바다다. 육지는 바다보다 더 빨리 식고 더 빨리 더워지므로 남극이 북극보다 더 춥다. 북극은 주인이 있지만 남극은 주인이 없어 남극조약에 따른다. 남극조약이란 여러 나라들이 남극에서 연구 활동을 하고 자연 환경을 보호하기 위해 만든 약속이다.

⬆ 남극의 현재 모습(왼쪽 사진)과 얼음이 없는 남극을 가상한 그림.

검은 연기는 온난화 일으키는 온실가스

"사람들이 나를 온실가스라고 부르더군. 재희 네가 낭비한 전기, 물, 가스, 학용품 등등! 나는 거기서 발생한 온실가스지! 하하! 이제부터 나는 남극으로 가서 남극을 전부 다 녹여버릴거야."(50쪽)

재희가 쫓던 검은 연기는 지구를 뜨겁게 만드는 온실가스였다. 온실가스는 이산화탄소와 메탄 등 여섯 가지가 있다. 이산화탄소는 사람들이 에너지를 사용할 때 많이 생긴다. 지구가 더워지면 남극과 북극의 얼음이 녹아 홍수와 폭설, 가뭄 등 자연 재해가 많아진다. 또 동식물이 제대로 자라지 못하며 사람도 살기 어렵다.

깊이 읽기

남극의 동물을 괴롭히는 사람들

"아뇨! 사람들이 남극에 오면서부터 생겼어요. 그리고 남극의 날씨가 따뜻해지는 바람에 이렇게 번식하고 있고요! 그 쥐들이 이렇게 새알과 새끼들을 잡아먹고 있어요."(92쪽)

재희 일행이 남식이 엄마를 찾아간 곳은 포경 기지였다. 포경 기지는 사람들이 고래를 잡으려고 만든 곳이다. 한때 고기나 기름, 가죽을 얻기 위해 남극물개와 고래 등을 마구 잡았다. 그때 쥐와 나쁜 균도 함께 들어왔다. 새는 알이나 새끼를 잡아 먹는 쥐에게 시달렸고, 펭귄들은 조류독감에 걸려 죽었다. 지금은 남극의 동물을 함부로 잡지 못하게 했다.

나만 편하면 된다는 생각 버려야

"사람들은 자신이 뭘 잘못했는지 몰라. 겨울엔 나만 따뜻하면 되고, 여름엔 나만 시원하면 그만이지. 나만 편하면 된다고 생각했어. 그래서 내 몸집은 점점 더 커졌어."(117쪽)

빙하가 녹고, 동물이 살 곳을 잃고 먹이를 구하지 못하는 것은 누구 때문일까. 에너지를 쓰는 활동은 온실가스인 검은 연기를 만든다. 재희처럼 옷을 얇게 입고 춥다며 보일러를 켜는 등 에너지를 낭비하면 안 된다. 당장에는 하고 싶은 대로 하는 것이 좋을 것 같지만, 결국 피해는 자신에게 돌아온다. 온실가스 줄이기를 행동으로 옮겨야 한다.

 **묻고 답하기**

1   남극에 사는 꽁이와 한국에 사는 재희는 어떻게 만났나요?

2   재희가 꽁이와 함께 왜 남극으로 갔는지 설명하세요.

3   꽁이와 재희는 왜 남식이와 함께 남극을 돌아다녔나요?

4   재희가 헤어진 꽁이를 찾으러 다닐 때 본 남극의 모습을 한 가지만 말하세요.

5   재희는 어떻게 해서 검은 연기를 사라지게 했나요?

 생각이 쑤욱

1 재희가 한 행동들 가운데 가장 잘한 것을 골라 칭찬의 문자를 보내요.

2 재희가 남극에서 만난 동물들의 특징을 선을 그어 잇고, 그 가운데 하나를 골라 소개하세요.

황제펭귄	아빠가 알을 발등 위에 올려놓고 가죽으로 감싸 부화할 때까지 지켜준다.
남극물개	노래를 부르며 짝짓기 상대를 찾고, 새끼를 낳는다.
크릴새우	엄마는 3~6일 정도 바다로 가서 먹이를 먹고, 새끼에게 돌아와 3일 정도 젖을 먹인다.
혹등고래	새우처럼 생겼고, 남극에 사는 모든 동물의 먹이가 된다.

재희가 만난 남극 동물들 가운데 _____ (이)가 가장 기억에 남습니다.

이 동물이 재희와 함께 한 일은 _____

이 동물의 특징은 _____

3 재희가 본 남극의 미래 모습에 관해 내 생각을 밝히세요.

남극의 미래는 _____

그렇게 된 이유는 _____
_____

생각이 쑤욱

4 내가 발생시키는 검은 연기는 무엇이며, 검은 연기를 없애기 위해 실천할 수 있는 방법을 세 가지만 밝히세요.

| 내가 발생시키는 검은 연기 | ➡ | 이렇게 바꿀 거예요 |

5 '남극의 동물을 지키자'는 주제로 포스터를 만들어요.

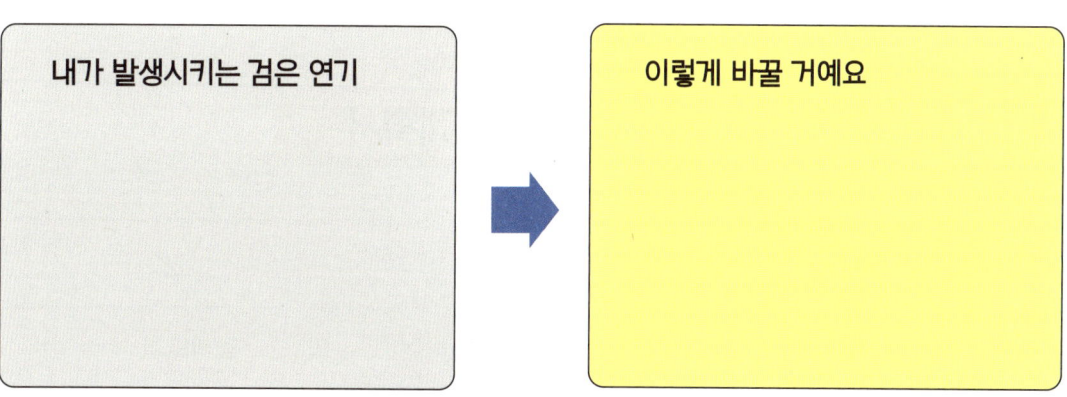

제목 : 주제를 짧고, 기억에 남게 표현하세요.

이미지 : 주제를 잘 나타내는 사진이나 그림을 넣어요.

본문 : 주제를 두세 문장으로 설명해요.

 생각이 쑤욱

6 남극에 있는 우리나라 연구 기지인 세종과학기지에서 초대장이 왔어요. 남극의 특징을 생각하며, 여행 계획을 세우세요.

여행 계획서

여행할 곳	세종과학기지와 남극
여행 기간	년 월 일 부터 월 일 까지
여행 목적	(보고 싶은 것, 하고 싶은 일, 알고 싶은 것 등)
함께 가는 사람	
가는 방법	(인천 - LA - 산티에고 - 푼타아레나스 - 세종과학기지)

준비물

생각해야 할 점

구분	가져갈 물건
옷	
음식	
연락과 기록	
기타	

생각이 쑤욱

7 주인공인 재희 입장에서 남극 여행기를 남겨요(400자).

	제목	
처음	누구와 언제 어디를	
	여행을 떠날 때의 마음	
가운데	장소1에서 보고, 듣고, 경험한 일	
	장소1에서 느끼고 생각한 점	
	장소2에서 보고, 듣고, 경험한 일	
	장소2에서 느끼고 생각한 점	
	그 밖에 기억에 남는 일	
끝	여행 전체에서 배우고 느낀 점	

5　『나라의 자랑 국보 이야기』

국보는 우리나라의 자랑

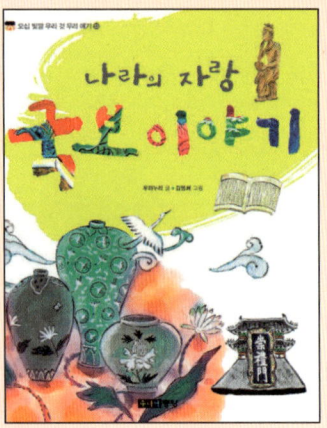

『나라의 자랑 국보 이야기』

우리누리 지음, 주니어중앙 펴냄, 140쪽

 **생각 열기**

문화재가 하나도 남지 않았다면 어떤 문제가 생길까요?

▲일본은 1915년 도로를 넓히기 위해 서울성곽의 서쪽 대문인 돈의문을 없앴다.

 이 책의 줄거리

우리나라의 자랑스러운 열 가지 국보 이야기

대표적인 우리 국보 10가지를 소개했다. 국보가 어떻게 만들어졌으며, 어떤 가치가 있는지 알려준다.

숭례문은 서울성곽으로 들어오는 네 개의 문 가운데 가장 규모가 크다. 또 모습이 엄숙하면서도 웅장하고 내부의 구조도 튼튼해 수도의 성문다운 당당함이 있다.

창덕궁은 유네스코(UNESCO)가 지정하는 세계유산에 오를 정도로 가치가 있고 아름답다. 특히 후원은 왕과 왕비가 쉬던 곳으로, 우리나라의 대표 정원으로 꼽힌다.

금동미륵보살반가사유상은 삼국 시대에 만든 것인데, 삼국 가운데 어느 나라 작품인지는 확실하지 않다. 이 불상은 '한국의 미소'라고 불릴 정도로 신비한 미소가 특징이다.

▲고려 시대 청자인 청자상감운학무늬매병(국보 제68호). 구름과 학 무늬가 새겨져 있는데, 입이 작고 상체가 풍성하며 하체가 가늘다.

종묘는 역대 왕과 왕비들의 신주를 모시고 제사를 지내는 곳이다. 장식을 최대한 절제해 간결하게 꾸몄는데, 조상을 위하는 태조 이성계의 마음이 잘 드러나 있다.

김정희가 그린 세한도에 숨겨진 의미와 백제 석탑 중 유일하게 남은 미륵사지 석탑의 가치, 고려청자와 백자의 차이도 밝혀져 있다. 배흘림 기둥이 아름다운 부석사 무량수전, 절묘하고 다양한 표정을 담은 하회탈, 조선 역사의 기록인 조선왕조실록 등도 다뤘다.

문화재는 우리 역사를 보여주는 보물

우리 조상이 살아가며 만든 그릇이나 옷가지부터 그림, 조각품, 건물에 이르기까지 각종 물건 중에서도 문화적 가치가 높은 것을 문화재라 해요. 그 중에서도 한국을 빛낸 최고의 예술품을 국보급 문화재라고 하죠. (8쪽)

▲국보 제1호 숭례문.

우리 조상이 남긴 유산인 문화재에는 조상의 삶의 지혜가 담겨 있다. 문화재는 또 우리 역사를 보여주는 귀중한 자산이기도 하다. 문화재는 역사 공부에 필요한 사료이자, 우리 문화를 발전시키는 밑거름이 되기도 한다. 그래서 중요한 문화재는 국보나 보물 등으로 지정해 나라가 책임지고 보존한다.

문화재 이름 바로 부르는 것도 나라 사랑

"나중에는 일반 사람에게 개방해 관광지로 만들었고, 그때부터 '비원'이란 이름이 굳어졌어요. 지금부터라도 비원이라 잘못 부르는 일이 없어야겠어요. 나라 사랑의 시작은 이렇게 작은 것부터 실천할 수 있거든요." (32쪽)

▲서울시 종로구에 있는 창덕궁 후원.

조선 시대 초기인 1405년 지은 창덕궁의 후원은 고종(재위 1863~1907) 때까지 '후원' 또는 '북원'으로 불렸다. 하지만 일제강점기(1910~45)에 '비원'으로 이름이 바뀌었다. 일본이 이곳에서 비밀스러운 모임이 많다고 '비원'으로 낮춰 불렀기 때문이다. 우리 문화재의 바른 이름을 찾아주는 것도 문화재 사랑의 시작이다.

깊이 읽기

외국에 빼앗긴 우리 문화재 되찾아야

현재까지 외국에 약탈된 문화재는 3만 4000여 점이나 된답니다. 우리 문화재를 우리 손으로 찾는 것은 당연한 권리이자 의무예요. 또 외국에 빼앗긴 문화재를 잊어서도 안 된답니다. (45쪽)

▲조선 초기 화가인 안견의 '몽유도원도'는 일본 덴리대학이 가지고 있다.

우리나라는 임진왜란(1592~98)과 일제 강점기를 거치며 일본에 문화재를 많이 빼앗겼다. 외국에 빼앗긴 우리 문화재는 3만 4000여 점이다. 여기에 우리나라 사람이 몰래 내다 팔거나 외국인이 사 간 것까지 합치면 모두 18만여 점이 해외에 있는 것으로 밝혀졌다. 정부는 해외에 있는 문화재를 되찾기 위해 다양한 방안을 마련할 예정이다.

조선왕조실록은 세계가 함께 보존해야 할 유산

조선왕조실록은 1997년 10월 유네스코 세계기록유산으로 등재되었어요. 조선왕조실록은 조선의 역사 기록물일 뿐만 아니라, 세계가 함께 보존하고 후세에 물려줘야 할 소중한 문화유산이에요. (81쪽)

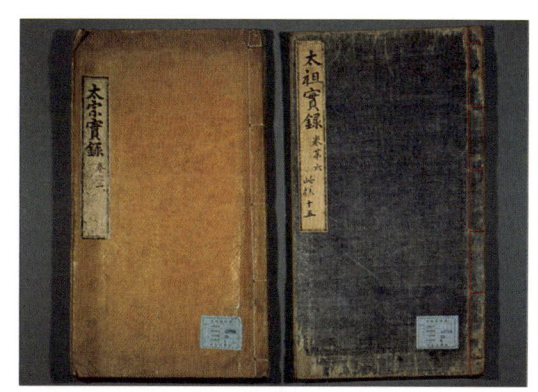
▲국보 제151호 조선왕조실록.

조선왕조실록은 25명의 왕이 나라를 다스렸던 472년 동안의 조선 역사를 기록한 책이다. 정치·외교·사회·경제·지리·음악 등 다방면의 역사가 담겨 있다. 이처럼 오랫동안 역사를 기록한 책은 세계에서 유일하다. 유네스코는 이점을 높이 평가해 조선왕조실록을 인류가 함께 보존해야 할 세계기록유산으로 선정한 것이다.

 **묻고 답하기**

1 숭례문을 남대문이라고 부르면 안 되는 까닭은?

2 유네스코는 왜 창덕궁을 세계문화유산으로 지정했나요?

3 금동미륵반가사유상의 미소가 '한국의 미소'로 불리는 이유를 한 문장으로 정리하세요.

4 조선의 태조 이성계는 왜 종묘와 사직단을 가장 먼저 지었나요?

5 고려청자에 쓰이는 상감기법을 고려만의 독창적인 비법이라고 하는 이유는?

6 손흥록과 안의는 왜 조선왕조실록을 지키려고 했나요?

7 김정희는 세한도에서 제자 이상적의 인품을 어떻게 표현했나요?

8 익산 미륵사지석탑의 특징을 한 문장으로 말해보세요.

 생각이 쑤욱

1 10가지 국보 가운데 하나를 골라 열 고개 놀이를 완성하세요.

☞ 열 고개 놀이란 한 사람이 어떤 물건을 생각하면, 다른 사람이 열 번까지 물어 답을 알아맞히는 게임이다. '예'나 '아니오'로 답할 수 있도록 질문한다.

질문 1	질문 6
질문 2	질문 7
질문 3	질문 8
질문 4	질문 9
질문 5	질문 10

내가 생각한 답 : _____

 머리에 쏘옥

국보와 보물

국보는 오래된 문화재 가운데 만들 당시의 시대를 대표하거나, 우수하고 특이해 가치가 매우 큰 것을 나라에서 지정해 보호하는 문화재입니다.

보물은 국보처럼 귀한 것이 아니더라도 문화재청이 정한 기준을 통과하면 지정됩니다. 그래서 보물은 국보보다 수가 많고, 비슷한 모양을 한 것들이 많습니다.

보통 문화재의 가치가 있으려면 만든 지 50년 이상은 돼야 합니다. 국보의 경우 100년 이상이 되어야 한답니다.

▲보물 제1호 흥인지문.

2 문화재에는 조상의 삶의 모습과 지혜가 담겨 있습니다. 다음 네 가지 문화재를 통해 알 수 있는 조상의 삶의 모습이나 지혜를 찾아보세요.

 금동미륵반가사유상	 조선왕조실록
 하회탈	 세한도

생각이 쑤욱

3 지금 국보가 아니지만 100년 뒤 국보로 지정될 수 있을 것으로 생각하는 물건을 한 가지만 고른 뒤 그 이유도 밝히세요.

4 이 책에서 문화재를 보호하려 애쓴 사람들 가운데 한 명을 골라 상을 주려고 해요. 어울리는 상 이름을 정하고, 상장도 꾸미세요.

머리에 쏘옥

'한 문화재 한 지킴이' 운동

'한 문화재 한 지킴이' 운동은 문화재청이 2004년부터 문화재를 지키는 시민 문화를 만들려고 운영하는 프로그램입니다. 이 운동은 후손에게 문화재뿐 아니라 문화재를 보호하는 문화를 함께 물려주기 위해 일어났습니다. 수많은 자원봉사자들이 활동하고 있으며, 기업체의 후원도 잇따르고 있습니다.

이들의 주요 활동은 주변 문화재를 깨끗이 유지하고 자신이 담당하는 문화재를 관람객에게 안내하는 일입니다. 문화재가 잘 보호되는지 감시하는 일도 합니다.

▲충남 예산에 있는 김정희의 옛날 집을 청소하는 문화재 지킴이들.

생각이 쑤욱

5 문화재청은 문화재의 날을 정해 축제를 열려고 합니다. 우리 문화재에 관심을 키울 수 있는 행사 아이디어를 내보세요.

제목	
참가 대상	
장소	
내용	
준비물	

머리에 쏘옥

『직지심체요절』

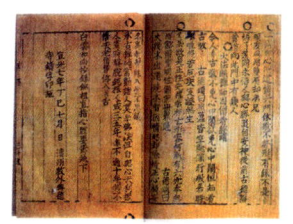

『직지심체요절』(사진)은 고려 시대인 1377년(우왕 3년)에 금속 활자로 인쇄한 책입니다. 금속 활자로 인쇄한 책 가운데 세계에서 가장 오래되었지요. 원래 상하 두 권으로 되어 있는데, 하권 1권만 전해집니다.

현재 프랑스국립도서관에 보관되어 있습니다. 한 프랑스 외교관이 조선에 근무할 때 싼값에 사들여 자기네 나라로 가져갔기 때문입니다.

『직지심체요절』은 유네스코 지정 세계기록유산 가운데 유일하게 해당 국가에 있지 않은 유산이랍니다.

6 프랑스국립도서관에 있는 『직지심체요절』을 돌려달라는 우리나라의 요청에 프랑스는 다음과 같이 말했습니다. 이 말을 반박하세요.

> 그 문화재가 한국에 있었다면 훼손되거나 사라졌을 겁니다. 우리가 그것을 잘 보존했기 때문에 지금까지 남아 있는 것이지요. 뛰어난 문화재는 더 많은 사람들이 보아야 하므로 한국보다 방문객이 많은 우리나라에 전시하는 것이 좋습니다.

7 문화재를 보존해야 하는 까닭을 1분 30초 동안 설명하세요.

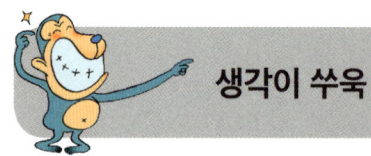

생각이 쑤욱

8 책에 소개된 10가지 국보 가운데 6개를 골라 우리 국보를 알리는 병풍책을 만들어요. 각 면에 사진을 오려 붙이고 국보를 만든 시대와 소재지, 특징과 가치를 간단하게 설명하세요.

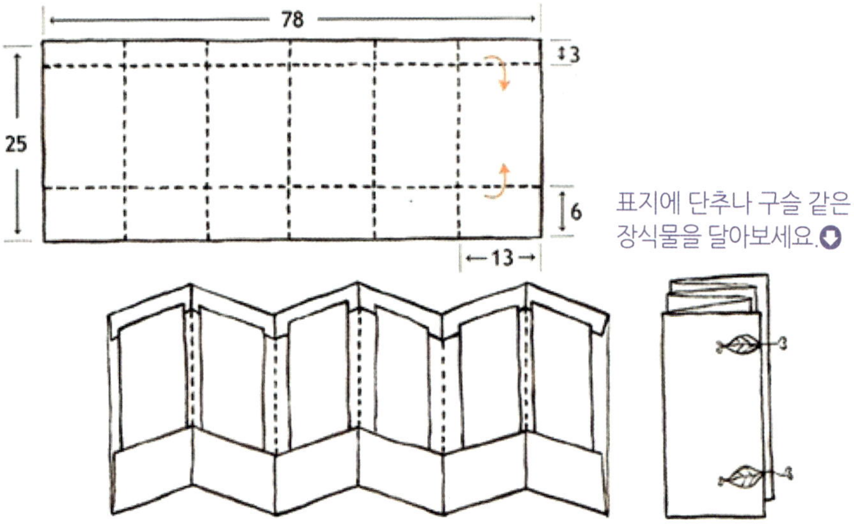

78
3
25
6
13
표지에 단추나 구슬 같은
장식물을 달아보세요.

▲병풍책 만들기.

6 『우리를 잊지 마세요』

동물도 행복할 권리가 있어요

『우리를 잊지 마세요』

정연숙 지음, 우리교육 펴냄, 129쪽

 생각 열기

집에서 기르고 싶은 동물은 무엇이며, 왜 기르고 싶은가요? 기르고 싶은 동물이 없으면 그 이유는 무엇인가요?

 이 책의 줄거리

버림받고 고통받는 동물들의 이야기

사람들에게 잡혀가 아무 잘못도 없이 희생된 여섯 마리 동물들의 실제 이야기가 펼쳐진다. 한자리에 모인 이들 동물은 사람이 자신의 욕심를 채우기 위해 동물들에게 엄청난 고통을 주었다며, 제각기 바깥 세상에서 겪은 아픈 기억을 떠올렸다.

맨처음 이야기를 꺼낸 건 아기 코끼리였다. 그 코끼리는 사냥꾼들이 쏜 총에 엄마를 잃었다. 그리고 서커스단과 동물원으로 끌려다니다 우울증에 걸려 죽었다. 주인에게 버림받은 떠돌이 개 '파도'는 보호소를 탈출했다가 누군가의 몽둥이에 두들겨 맞고 쓰러졌다. 실험용으로 이용당한 침팬지, 비좁은 곳에서 대량으로 사육돼 희생된 닭, 길에서 차에 치여 죽은 너구리, 지구 온난화 때문에 죽은 펭귄 이야기도 함께
실렸다.

각자 이야기를 마친 여섯 마리 동물은, 사람들이 지구에 다른 생명도 함께 산다는 걸 알아주기를 바란다고 말했다. 함께하기로 했으면 끝까지 보살펴야 한다며, 동물도 행복하게 살 권리가 있으니 자기들을 잊지 말아달라고 목소리를 높였다.

말을 하지 못하는 동물도 행복할 권리가 있고, 생명은 모두 소중하다는 사실을 깨달을 수 있다.

깊이 읽기

사람들 위해 실험실에서 희생되는 침팬지

"내가 끌려간 곳은 서커스단도 동물원도 아니었단다. 겉보기엔 그저 커다란 건물인데, 안에서는 하얀 옷을 입은 사람들이 무언가를 열심히 하고 있었지. 그곳은 '실험실'이었어."(58쪽)

침팬지는 유전적으로 사람과 가장 비슷하다. 그래서 사람을 대신해 실험용으로 다양하게 사용된다. 새로운 약을 개발하거나 지금까지 치료가 어려운 질병을 위한 연구에 쓰인다. 우주를 개발하거나 언어를 연구하기 위한 실험에도 사용된다. 미국의 한 논문에 따르면 실험에 쓰인 침팬지들에게서 고문이나 재난을 겪은 사람처럼 스트레스 장애가 나타났다.

▲30년 동안 실험실에 갇혀 있다가 햇빛을 처음 쬐는 침팬지들.

비좁은 닭장에서 알만 낳게 강요받는 닭

"나는 공장에서 태어났어. 햇빛 한 줄기 들지 않는, 닭을 뚝딱 찍어내는 거대한 공장이 내 고향이야. 그렇다고 날 이상한 눈으로 쳐다보진 마. 나는 닭처럼 생긴 로봇이 아니라 진짜 닭이니까." (74쪽)

닭은 넓은 땅에서 따뜻한 햇볕을 쬐며 자라야 건강하다. 그런데 비좁은 공장식 농장에 가

▲비좁은 닭장에 갇힌 닭들.

둔 채 빨리 자라 알을 많이 낳도록 항생제와 호르몬제를 맞힌다. 알을 낳지 못하는 수평아리는 태어나자마자 쓰레기통에 버리기도 한다. 짧은 시간에 많은 이익을 얻으려고 하는 사람들의 욕심 때문에 벌어지는 일이다.

깊이 읽기

살 곳 빼앗기고 헤매다 차에 치여 죽어

"산에 바퀴 달린 괴물이 나타난 건 여름이었어. 처음에는 덩치가 어마어마하게 큰 괴물들이 나타나 온산을 헤집어 놓더니, 얼마 뒤 딱딱하고 시커먼 길이 생겼어. 그 위로 바퀴달린 괴물들이 쌩쌩 달렸지."(91쪽)

▲차에 치여 죽은 야생 동물들을 기리는 사진전을 감상하는 어린이들.

깊은 산 속까지 길이 생기며 너구리 같은 야생 동물이 보금자리를 잃고 있다. 살 곳을 빼앗긴 동물들은 도로까지 내려가 헤매다 달리는 차에 치여 죽기도 한다. 갑자기 뛰어든 동물을 피하지 못한 운전자들도 사고를 당한다. 결국 사람들 스스로 위험을 부른 꼴이다.

지구 온난화 때문에 멸종 위기에 놓인 펭귄

"얼어붙은 얼음덩어리와 떠다니는 얼음산이 바람과 해류에 따라 움직이기 때문에, 주변 풍경은 날마다 달라지지. 그런데 올해는 바다 위를 둥둥 떠다니는 얼음산이 부쩍 많아진 것 같았어. 예전에는 보지 못한 광경이었지." (110쪽)

▲서울 여의도 63시티 씨월드 입구에서 어린이들이 펭귄 조련사들과 '펭귄 보호 캠페인'을 벌이고 있다.

지구 온난화 때문에 남극의 바다 온도가 높아져 펭귄이 즐겨 먹는 크릴새우가 줄고 있다. 펭귄들은 점점 먹이를 구하기 어려워져 생명의 위협을 받는다. 게다가 갓 태어난 새끼 펭귄들은 비까지 많이 내려 저체온증으로 죽기도 한다. 이대로라면 펭귄이 지구에서 사라지는 것은 시간 문제가 되고 말 것이다.

묻고 답하기

1. 사냥꾼들은 죽은 어미 코끼리를 어떻게 하기로 했나요?

2. '파도'는 왜 은수 부모님께 버림받았나요?

3. 우주에서 돌아온 붉은원숭이가 어떻게 되었는지 설명하세요.

4. '미친날개'가 죽으면서 남긴 말을 옮기세요.

5. 바퀴 달린 괴물이 나타나 산을 엉망으로 만든 뒤 엄마 너구리와 아기 너구리의 생활은 어떻게 변했나요?

6. 아빠 펭귄이 혼자 먹이를 구하러 나갔다가 어떻게 되었는지 말해보세요.

생각이 쑤욱

1 책에 나온 여섯 마리 동물 이야기 가운데 내가 가장 불쌍하게 느낀 동물을 고르고, 그렇게 느낀 이유도 말해보세요.

머리에 쏘옥

사람보다 먼저 우주에 간 최초의 동물

옛 소련(지금의 러시아)은 1957년 10월 4일 세계 최초의 인공위성 '스푸트니크 1호'를 발사했어요. 한 달 뒤에는 2호를 쏘아올렸는데, 여기에 최초의 우주 동물인 개('라이카')를 태웠어요. 스푸트니크 2호에는 개가 우주에서 견딜 수 있도록 산소 발생기 등 여러 장치와 음식도 마련해 두었대요.

옛 소련은 라이카가 우주에서 7일간 지내다 약물을 이용해 안락사 시켰다고 발표했습니다. 하지만 발사된 지 몇 시간 만에 공포에 질려 죽었다는 사실이 뒤늦게 밝혀졌어요.

2 책에 나오지 않은 내용 가운데 사람들의 이기심 때문에 고통을 받는 동물의 예를 세 가지만 들고, 어떤 고통을 당하는지도 말해보세요.

↑ 한 동물 보호 단체에서 동물의 털로 옷을 만드는 것은 동물 학대라며 '모피 반대 캠페인'을 벌이고 있다.

↑ 최초의 우주 동물 '라이카'.

3 동물을 기르거나 돌보는 사람은 동물을 사랑하는 정신과 보살피는 정성이 필요합니다. 아래 예를 든 각각의 경우 어떻게 보살피는 것이 좋을까요?

상황	보살피는 방법
사료를 줄 때	
병에 걸렸을 때	
다른 곳으로 옮겼을 때	

 생각이 쑤욱

4 사람과 동물을 비교해 공통점과 차이점을 세 가지씩 들어보세요.

분류	공통점	차이점
포유류	① 새끼를 낳아 젖을 먹여 키운다. ② ③	① 사람은 다른 포유류와 달리 글을 사용해 감정을 표현한다. ② ③
조류	① ② ③	① ② ③
파충류	① ② ③	① ② ③

 **머리에 쏘옥**

동물의 감정 표현

동물은 기쁠 때 소리를 내거나 다양한 몸짓을 하며 즐거움을 표현해요. 고양이나 퓨마 같은 동물은 가르랑거리는 소리를, 돌고래는 요란하게 끽끽대는 소리를 내지요. 수달은 재주를 넘거나 춤을 추는 등 온몸으로 기쁜 마음을 표현합니다.

가족이나 친구를 잃었을 때는 사람과 마찬가지로 고통스럽게 울기도 하고, 오랫동안 우울해하기도 합니다. 심하면 잠도 안 자고 먹지도 않아 목숨을 잃기도 합니다. 특히 코끼리는 슬픔을 잘 느끼는데, 길을 가다 코끼리 뼈만 발견해도 한참 동안 멈춰서 가족이나 친구의 뼈가 아닌지 살펴본대요.

◯ 온몸으로 자기 감정을 나타내는 수달.

5 아래 글을 참고해 집에서 기르던 동물을 내다버리거나 괴롭히는 사람에게 그렇게 하지 못하도록 1분 동안 설득하세요.

"함께하기로 했으면 끝까지 지켜주세요!"
"동물도 행복하고 싶어요!"
"우리를 잊지 마세요!"

6 연구 실험에 동물을 이용하는 문제를 두고 찬반 논쟁이 벌어졌습니다. 나는 어느 쪽인지 선택한 뒤 자신의 의견을 근거로 들어 밝히세요.

☞찬반 토론을 할 때는 어느 한 쪽 입장을 반드시 선택해야 하며, 중간 입장은 안 된다.

 ☞찬성: 인류가 발전하려면 연구와 실험을 반드시 계속해야 합니다. 사람을 대상으로 실험할 수는 없으니 사람과 비슷한 동물을 이용해 실험하는 일은 당연합니다.

 ☞반대: 실험에 이용된 동물은 결국 죽게 됩니다. 사람이 모든 동물 가운데 가장 뛰어나며 세상을 다스릴 수 있다고, 동물의 생명을 함부로 빼앗을 권리는 없습니다.

 생각이 쑤욱

7 책에 나온 이야기들 가운데 한 가지를 골라 네 컷 만화로 표현하세요.

☞ 네 컷 만화 그리는 요령 : 이야기의 흐름을 4단계로 정합니다. 그러고 나서 이야기의 흐름에 맞도록 그림을 그린 뒤, 말풍선을 채웁니다. 마지막 컷에는 앞의 내용을 뒤집는 내용을 넣거나 비틀어 결론을 맺습니다. 말풍선에 넣는 말은 되도록 짧아야 합니다.

 머리에 쏘옥

동물을 사랑한 제인 구달 박사

제인 구달(1934~) 박사는 영국 런던에서 태어난 동물학자예요. 평생 동안 침팬지 연구가이자 환경 운동가로 활동하고 있지요.

제인 구달 박사는 어려서부터 동물을 좋아해 열 살 무렵 아프리카에 가서 동물들과 함께 사는 것을 꿈꾸기도 했대요.

1960년에 아프리카의 탄자니아로 건너가 곰비국립공원에서 야생 침팬지들과 함께 지내며 할머니가 된 지금도 침팬지 연구를 계속하고 있어요. 또 여러 나라를 찾아다니며 동물 사랑 캠페인을 벌이고 있답니다.

↑ 제인 구달 박사와 침팬지.

8 아래 글은 세계적인 동물학자 제인 구달 박사의 말이에요. 사람들이 모든 생물과 함께 살기 위해 생활에서 실천할 수 있는 방법을 한 가지만 생각해 구체적인 실천 방법도 말해보세요.

> "우리가 살아있는 모든 것들을 위해 이 세상을 더 좋은 곳으로 만들려고 조금씩, 매일, 함께 노력한다면 미래에는 희망이 있습니다."

↑ 과천 서울동물원에서 동물 사랑과 환경 보호 실천을 알리는 운동에 참여한 어린이들.

생각이 쑤욱

9 아래 글을 읽고 생명 존중과 관련해 평소 동물을 대하는 내 태도를 반성한 뒤 새로운 마음가짐을 다져보세요(400자).

> "티베트(중국 남서부)의 '다람살라' 지역을 여행할 때의 일입니다. 그곳에서 저는 한 어린이를 보았습니다. 그 아이는 길가에 쭈그리고 앉아 길가 쪽으로 난 개미 길을 산 쪽으로 돌려주고 있었습니다. 개미들이 사람의 발에 밟히거나 차에 치여 죽지 않도록 하기 위해서라고 했습니다. 다람살라에는 주인 없는 개들이 많이 있었습니다. 하지만 사람을 두려워하거나 삐쩍 마른 개는 찾아볼 수 없었습니다. 주인이 없어도 모두가 돌봐주기 때문이었습니다."

7. 『말과 글에도 주인이 있어요!!』

남의 작품 허락 없이 퍼다 쓰면 도둑질

『말과 글에도 주인이 있어요!!』

정보람 지음, 팜파스 펴냄, 120쪽

생각 열기

아래 그림의 왼쪽과 오른쪽 우표 디자인의 공통점과 차이점을 두 개씩 찾아요.

○ 정보통신부가 선정한 '세계우표디자인공모대회' 일반부 최우수상 작품(왼쪽)과 미국의 한 디자인 회사의 우표 디자인(오른쪽).

이 책의 줄거리

결과만 중시하는 사회가 남의 것 베끼기 부추겨

초등생 은별이와 지혜는 단짝 친구다. 은별이를 마냥 좋아하는 지혜와 달리, 은별이는 지혜에게 질 때마다 기분이 나쁘다.

지혜 엄마와 같은 대학을 다닌 은별이 엄마도 지혜 엄마에게 심한 경쟁 의식을 느끼고 있다.

때마침 그림 대회에서 지혜가 1등을 하고 은별이가 3등을 한다. 이렇게 되자 지혜를 이기고 싶다는 은별이의 경쟁심은 더욱 커진다.

은별이는 우연히 지혜의 꿈이 시인이라는 사실을 안다. 그래서 지혜와 함께 창작 시 짓기 대회에 나가 꼭 지혜를 이기리라 마음을 먹는다. 은별이는 예전부터 꾸준히 시를 써온 지혜를 이기기 위해 노력하지만, 멋진 시가 잘 나오지 않아 고민한다. 은별이와 은별이 엄마는 멋진 시를 쓰고 싶은 마음에 인터넷에서 남이 쓴 시를 조금씩 베껴 시를 완성한다.

은별이는 창작 시 짓기 대회에서 대상을 받고 TV에도 출연하며 으쓱해한다. 그러나 은별이의 시를 올려놓은 블로그에, 그 시는 자기가 쓴 작품이라고 말하는 댓글이 달린다. 그리고 그 댓글을 단 사람이 옆 반 예은이임을 알고, 은별이의 가슴은 철렁 내려앉는다.

예은이는 자신의 시를 도둑맞았다며 은별이를 찾아온다. 은별이는 고민 끝에 자신의 잘못을 털어놓고 예은이에게 용서를 구한다. 예은이는 은별이를 용서하고, 다음에는 자신의 실력으로 시를 써 정정당당하게 겨루자고 말한다.

○ 인터넷에서 남의 아이디어를 베껴 공모전에 내 상을 받는 사건이 늘었다.

깊이 읽기

"네가 아름답다고 느끼는 시를 쓰면 돼"

"이 시들은 네가 느낀 감정을 그대로 담고 있잖아. 얼마나 아름답고 소중한 시들인데. 다른 사람들이 보기에 멋있는 시를 쓸 필요는 없어. 네가 아름답다고 느끼면 되는 거야."(54쪽)

◆ 저작권 홍보 캐릭터 '창작이와 나눔이'.

좋은 시란 남이 보기에 멋진 것이 아니라, 자신이 생각하고 느낀 점을 솔직하게 말로 표현한 것이다. 자신만의 생각과 감정을 담은 작품을 짓는다면, 그 작품에 관해 자신의 저작권을 주장할 수 있다. 이에 비해 다른 사람의 아이디어를 따라하거나 내용을 베낀 것은, 순수한 자신의 작품이 아니므로 저작권을 보호받을 수 없다.

남의 것 베끼고도 도둑질인 줄 몰라

"은별 엄마와 은별은 여러 사이트를 돌아다니며 모은 구절들을 종이에 옮겨 적었다. 어느새 종이는 멋있는 시구절로 빼곡히 채워졌다. 은별 엄마와 은별은 흡족한 얼굴로 서로 바라보았다."(65쪽)

◆ 성적만 잘 나오면 된다는 생각에서 인터넷에서 숙제를 베끼거나 돈을 주고 사는 일도 늘고 있다.

은별이와 은별이 엄마는 지혜를 이겨야겠다는 생각에 사로잡혀 남의 시를 베껴서라도 작품을 내려고 한다. 남의 시를 베끼는 것도 도둑질이라는 생각을 전혀 하지 못하는 것이다. 과정보다 결과를 중요하게 여기는 사회에서는 표절이 늘어날 수밖에 없고, 표절을 한 사람도 죄책감을 느끼지 못한다.

> 깊이 읽기

인터넷에서 남의 작품 베끼면 도둑질과 같아

"그 순간 은별은 '혹시 누군가 이 시를 다른 시에서 베껴온 걸 알면 어떻게 하지?'란 걱정에 사로잡혔다. 그러나 걱정도 잠시뿐, 은별은 사람들의 함성에 절로 웃음이 나왔다."(86쪽)

○ 인터넷에서 남의 글이나 사진을 함부로 퍼나르는 것은 도둑질과 같다.

저작자의 허락을 받지 않고 남의 글이나 사진을 함부로 자신의 홈페이지나 인터넷 게시판에 올리는 사례가 늘었다. 심지어 그런 작품을 대회에 내 상을 받는 사람도 있다. 인터넷에서는 마우스로 손쉽게 글과 사진 작품을 내려받을 수 있기 때문에 그러한 행위가 물건을 훔치는 도둑질과 같다는 생각을 하지 못하는 것이다.

정정당당한 경쟁 이뤄지면 사회도 건강해져

"예은에게 고맙고 또 미안한 마음이 들었다. 은별은 아무 말도 못하고 고개를 끄덕였다. 내년에는 꼭 자신의 실력으로 시를 써서 당당하게 예은과 겨루겠다고."(119쪽)

○ 남의 것을 베끼면 개인에게 피해를 주고, 사회적으로도 문제가 된다.

예은이는 은별이에게 다음 백일장에서 정정당당하게 겨루자고 말하며 사과를 받아들인다. 은별이는 실력을 키워 자신에게 부끄럽지 않은 글을 쓰겠다고 다짐한다. 남의 것을 베끼는 일이 사라지고 정정당당한 경쟁이 이뤄지면 개인의 능력도 커지고, 사회도 건강해진다.

 묻고 답하기

1. 은별이 엄마는 왜 은별이가 지혜에게 지는 것을 싫어했는지 말해보세요.

2. 은별이와 은별이 엄마는 각각 무엇 때문에 백일장에 참가하기로 했나요?

3. 은별이 엄마가 지혜네 집에 놀러간 이유를 설명해요.

4. 은별이가 남의 시를 베껴 상을 탔다는 사실은 어떻게 들통이 났나요?

5. 은별이가 예은이에게 사과할 용기를 낼 수 있었던 까닭은 무엇인가요?

생각이 쑤욱

1 은별이가 남의 시를 베껴 상을 받은 사실이 들통났을 때, 주변 사람들은 어떤 생각을 했을지 표를 완성하세요.

은별	주변 사람들이 모두 나를 욕할 거야. 엄마, 어떡해?
은별이 엄마	
현우와 지혜	
예은	
박은수 선생님	

2 박은수 선생님의 설명을 참고해 저작권을 주장할 수 있는 자신의 작품을 세 가지만 들어보세요.

1
2
3

머리에 쏘옥

저작권

○ 안데르센의 동화가 원전인 디즈니사의 애니메이션 '인어공주'의 한 장면.

저작권이란 시를 쓰거나 그림을 그리거나 공연을 하는 등 여러 방법으로 작품을 만들고 표현하는 저작자가 자신의 작품에 대해 가진 권리를 뜻합니다.

저작자가 아닌 다른 사람이 그 작품으로 허락 없이 이득을 얻을 수 없게 하는 것이 저작권의 중요한 역할이지요.

저작권은 재산과 같아서 팔거나 물려줄 수 있고, 다른 사람에게 빌려줄 수도 있답니다. 하지만 저작권은 저작자가 살아있는 동안과 죽은 뒤 50년 동안만 유지됩니다.

따라서 안데르센 동화처럼 수백 년 전에 쓰인 작품을 연극으로 공연할 때는 저작자에게 대가를 지불하지 않아도 됩니다.

생각이 쑤욱

3 은별이가 스스로 시를 쓰지 않고 인터넷을 검색해 창작 시를 찾으려 했던 이유는 무엇일까요?

머리에 쏘옥

학생들이 주의해야 할 저작권 위반

◐ 저작권 교육을 받는 충북 진천 금구초등학교 학생들.

문화관광부는 각 학교에 안내문을 보내 학생들이 쉽게 접할 수 있는 저작권 위반 사례를 안내했습니다.

저작권자의 허락을 받거나 정당한 사용료를 내지 않은 경우 음악 파일을 미니 홈페이지나 블로그의 배경 음악으로 써서는 안 됩니다. 음악 파일이나 동영상 파일, 각종 이미지 파일 등 저작물을 무단으로 미니 홈페이지나 카페, 블로그 등에 올리는 것도 저작권법을 위반하는 행위입니다.

각종 저작물을 포털 사이트나 웹사이트의 게시판에 올리는 경우, 다른 사람들과 공유할 목적으로 웹하드에 저장하거나 내려받는 일도 이에 속합니다.

노래 가사나 연예인의 사진 등을 인터넷 사이트에 올리는 행위도 저작권법 위반이라 볼 수 있습니다.

4 다른 사람이 내가 인터넷에 올린 작품을 베껴 상을 받았다면 어떻게 대응할지 말해보세요.

◐ '교통카드디자인공모전'에서 대상을 받은 작품(왼쪽)과 스페인의 일러스트 작가 블랑카 고메즈의 작품(오른쪽).

 생각이 쑤욱

5 남의 작품을 베끼는 일이 줄지 않는 것은 벌이 가볍기 때문이라는 의견이 많습니다. 은별이에게 따로 벌을 주어야 하는지, 벌을 준다면 어떤 벌을 주었으면 좋을지 말해보세요.

> 은별이에게 벌을 주어야 해. 은별이는 인테넷에서 남의 작품을 베껴 상을 받고도 죄책감을 느끼지 못했어. 예은이에게 들키지 않았다면 끝까지 자신의 잘못을 뉘우치지 않았을 거야.

> 은별이는 벌을 받지 않아도 돼. 물론 남의 작품을 베낀 건 잘못이야. 하지만 그 일을 들킨 뒤 많이 괴로워했으며, 진심으로 자신의 죄를 뉘우쳤잖아. 예은이도 은별이를 용서했고.

6 남의 것을 베끼지 않고 자신만의 작품을 만들려면 새로운 것을 생각해 내는 창의력이 필요합니다. 생활에서 창의력을 키울 수 있는 방법을 두 가지만 생각하세요.

☞ 관찰력을 키운다, 반대로 생각해본다 등.

생각이 쑤욱

7 은별이는 자신의 경험을 반성하는 내용을 '창작 시 짓기 대회'에 발표하기로 했어요. 은별이가 느꼈던 감정을 살려 시를 짓고, 시와 어울리는 그림도 그려보세요.

8 『오천 년 우리 강 이야기』

조상들의 삶이 얽힌 우리 강 이야기

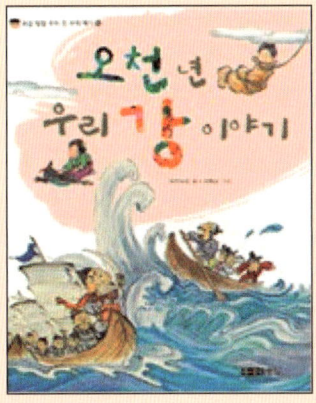

『오천 년 우리 강 이야기』

우리누리 지음, 주니어중앙 펴냄, 140쪽

 생각 열기

아래 제시한 두 사진을 비교해 같은 점과 다른 점을 말해보세요.

이 책의 줄거리

우리 강에는 우리 역사와 문화가 함께 숨쉰다

우리나라의 대표적인 강들에 얽힌 흥미로운 옛이야기를 담았다. 조상들은 강 주변에 모여 마을을 이루고, 농사를 지으며 살았다. 강은 편리한 교통로로도 이용되었는데, 삶의 젖줄이나 다름없었다.

우리 강들 가운데 금강에는 백제를 지키기 위해 용으로 변한 무왕(재위 600~41)과 당나라의 장수 소정방의 줄다리기 이야기가 흥미롭다. 둘이 대결한 흔적이 지금도 남아있다.

섬진강에는 일본 해적인 왜구를 물리친 두꺼비가 살았다. 두꺼비들은 곡식과 재물을 빼앗는 왜구를 내쫓고, 두꺼비 다리를 놓아 마을 사람들을 구했다. 고려 말부터 이 강은 두꺼비 '섬'자를 붙여 '섬진강'이 되었다.

경남 진주의 남강에는 논개(?~1593)의 의로운 혼이 살아있다. 양반집 출신이었던 논개는 임진왜란(1592~98) 때 진주성을 지키다 숨진 최경회 장군과 사랑하는 사이였다. 오랫동안 슬퍼하던 논개는 원수를 갚기 위해 스스로 기생이 되어 일본 장군을 끌어안고 강물에 몸을 던져 함께 죽었다.

임진강에는 이율곡(1536~84)이 임금을 위해 세운 화석정이 있다. 고려를 세운 왕건(재위 918~43)이 노인의 꿈을 꾸고 후백제를 세운 견훤(재위 900~35)의 군대를 이긴 영산강, 수수께끼 대결에서 중국의 사신을 이긴 압록강의 떡보 등에 관한 옛이야기도 만날 수 있다.

◐ 논개가 적장을 끌어안고 몸을 던져 죽은 남강의 촉석루.

 깊이 읽기

금강에는 무왕의 애국심 보여준 전설 흘러

"백제의 무왕은 백마를 좋아했습니다. 그러니 백마를 강물에 집어넣으면 용을 낚아 올릴 수 있을 것입니다."(18쪽)

백제 의자왕 20년(660)에 당나라 장수 소정방이 신라를 도와 백제를 공격했다. 당나라 군사들이 금강을 거슬러 올라 낙화암 근처에 이르자 갑자기 배가 꼼짝도 하지 않았다. 의자왕의 아버지 무왕이 용으로 변해 백제를 지키기 때문이었다. 소정방의 꾀임에 넘어간 백제 관리는 무왕이 백마를 좋아했으니 강물에 백마를 던져 넣으라고 했다. 마침내 나라의 운명을 건 무왕과 소정방의 대결이 시작되었다.

○ 소정방과 용의 이야기가 전해지는 백마강.

임진강에는 임금 피란 도운 화석정이 있다

"머지않아 우리 조선에는 큰 전쟁이 일어날 것이다. 그때 임금님께서 한양을 빠져나와 이곳 임진강을 건너게 될 게야." (75쪽)

조선의 학자 이율곡은 10만 명의 군사를 훈련시켜 전쟁에 대비해야 한다고 선조(재위 1567~1608)에게 말했다. 하지만 다른 신하들의 반대에 부딪혀 벼슬을 그만두고 고향에 내려와 임진강 나루터에 '화석정'이라는 정자를 지었다. 송진이 많은 소나무를 기둥으로 쓰고, 정자에 기름까지 발랐다. 몇 년 뒤 전쟁이 일어나자 선조가 평양으로 피란하던 길에 임진강을 마주했다. 이율곡의 가족들은 선조가 밤중에 강을 건너는 것을 돕기 위해 정자를 불태워 환하게 밝혔다.

○ 임진왜란 때 불타 다시 지은 화석정.

깊이 읽기

왕건, 뿌연 영산강 물 때문에 위기 벗어나

"장군님, 저 강물 좀 보십시오." 영산강의 물은 쌀뜨물 같이 뿌연 빛깔을 띠고 있었어요. (102쪽)

고려의 왕건이 후삼국을 통일하기 전에 후백제를 공격하러 떠났다. 하지만 견훤의 군사들에게 포위된채 몇 날 며칠을 싸웠다. 그러다 왕건이 지쳐 잠들었는데, 꿈에 한 노인이 나타

○ 영산강은 전남 담양에서 시작해 서해로 흘러든다.

나 영산강을 건너 두대산강 아래 군사를 숨겨 놓으면 승리할 것이라고 했다. 왕건은 서둘러 영산강을 건너 포위망을 빠져 나갔다. 왕건을 뒤쫓던 견훤의 군대는 두대산 꼭대기의 마름(이엉을 엮어 말아 놓은 단)을 쌀더미로, 뿌연 영산강 물을 쌀뜨물로 착각해 후퇴했다. 왕건의 군사가 많을 것으로 짐작했기 때문이다.

대동강에는 대동이의 욕심이 부른 슬픈 전설 있어

"왕비를 궁궐 밖으로 내쫓아 주십시오."
"네가 정 그렇다면 소원대로 너를 멀리 보내주겠다." (114~115쪽)

고구려 중천왕(재위 248~70)의 후궁들 가운데 대동이가 있었다. 대동이의 미모가 뛰어나 중천왕은 나랏일을 돌보지 않고 대동이만 찾았다. 이에 신하들이 대동이를 내쫓으려 하

○ 대동강을 건널 때 꼭 거쳐야 하는 대동문. 북한의 보물 1호다.

자 대동이가 꾀를 냈다. 왕비가 자신을 큰 자루에 넣어 모란봉 아래 강물에 던지려 한다고 거짓말을 퍼뜨린 것이다. 하지만 평소 왕비의 성품을 아는 중천왕은 왕비를 내쫓으려는 대동이의 욕심을 눈치 채고, 대동이를 자루에 넣어 강물에 던졌다. 그뒤 사람들은 모란봉 아래로 흐르는 이 강을 대동강이라 불렀다.

묻고 답하기

1. 백마강은 충남 부여 지역 금강의 또 다른 이름입니다. 왜 이러한 이름이 붙었나요?

2. 장마 때문에 강원도 정선에 있던 산봉우리 세 개가 충북 단양까지 떠내려갔어요. 정선 관아는 단양 사람들에게 이들 삼봉에 대한 세금을 거둬 갔지요. 어린 정도전은 이 일을 어떻게 해결했나요?

3. 이율곡이 왜 임진강 나루터에 '화석정'을 지었는지 말해보세요.

4. 왕건이 영산강에서 큰 싸움 없이 견훤의 후백제 군사를 이길 수 있었던 까닭은?

5. 떡보는 왜 중국 사신이 손가락 세 개를 폈을 때, 손가락 다섯 개를 펴 흔들었나요?

 생각이 쑤욱

1 우리나라 지도에 표시된 강과 그 이름을 선으로 연결하세요.

 머리에 쏘옥

우리 강의 특징

우리 땅은 아주 오래 전에 만들어져 늙었습니다. 동쪽엔 산이 많고 서쪽엔 평야가 많지요. 그래서 동쪽은 높고 서쪽은 낮아 큰 강은 대개 동쪽에서 시작해 서쪽의 황해로 흘러듭니다.

압록강과 두만강은 우리나라와 중국의 경계선입니다. 조선의 세종대왕 때 여진족의 침입을 막기 위해 4군과 6진을 설치한 뒤 국경선이 되었습니다.

아래쪽으로는 북한의 평양을 끼고 흐르는 대동강, 고려 시대에 유명한 국제 무역항이 있었던 예성강, 북한이 가까이 보이는 임진강이 있습니다.

한강은 우리나라를 대표하는 강인데, 한반도를 흐르는 강들 가운데 가장 넓어요. 그 아래로 백제 시대 문화의 중심지였던 금강, 남도의 젖줄인 영산강, 남해로 흘러드는 섬진강과 낙동강이 있습니다.

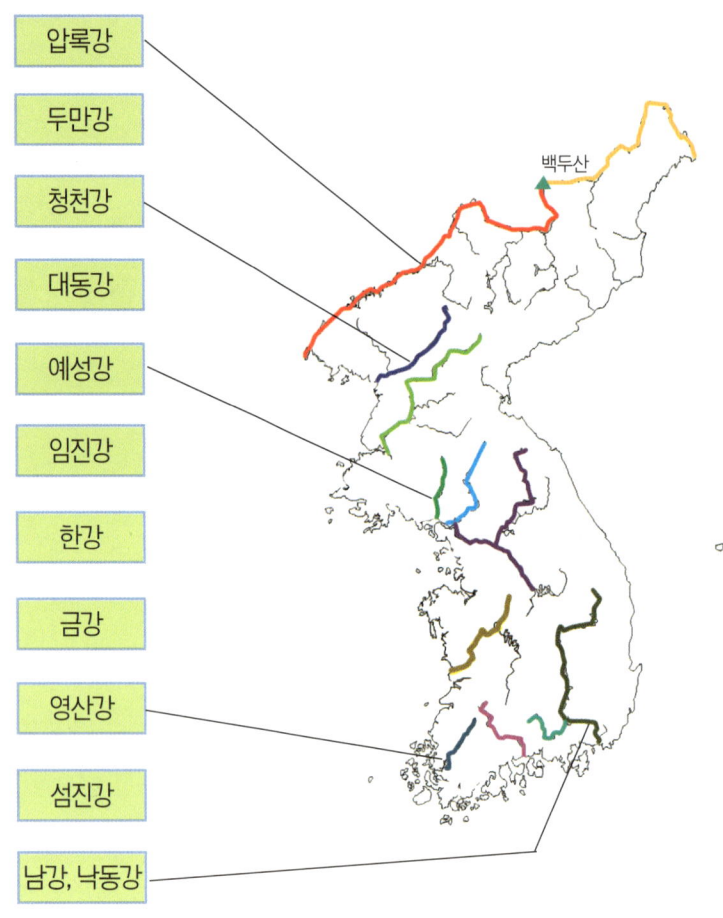

압록강
두만강
청천강
대동강
예성강
임진강
한강
금강
영산강
섬진강
남강, 낙동강

2 1번의 지도를 보며 강 이름 노래를 함께 불러요.

☞ '산토끼' 노래에 맞춰 불러요. 지도를 보고 위쪽부터 아래쪽 순서대로 부릅니다.

압록강 청천강 대동 예성 임진강
한~강 금강 영산강은 황해로 흐르고 (1절)
섬진강 낙동강은 남해로 흐르고
두만강은 씩씩하게 동해로 흐른다. (2절)

 생각이 쑤욱

3 '두문불출'이라는 말이 왜 생겼나요?

☞ 두문불출(杜門不出)은 '집에서 바깥으로 나가지 않는다'는 뜻이에요.

 이성계가 고려를 무너뜨린 뒤 조선을 세웠다는 소식을 듣고 고려의 충신들은 통곡했어요.

 고려의 충신들은 이성계를 임금으로 인정하지 않고 송도의 두문동에 숨어 지냈어요.

4 다음은 일본 적장을 끌어안고 남강에 몸을 던져 죽은 논개와 가진 인터뷰입니다. 여러분이 대신 인터뷰를 완성해보세요.

 최경회 장군은 왜 남강에 몸을 던졌나요?

 일본 적장을 끌어안고 강물에 뛰어들 때 어떤 생각을 하셨나요?

 생각이 쑥쑥

5 아래 제시한 글은 임진왜란 때 선조가 평양으로 피란하기 위해 임진강을 건너던 때를 가상한 기사입니다. 기사를 완성하고 제목을 달아보세요.

☞ 신문 기사는 제목과 전문(리드 문장), 본문으로 구성됩니다. 기사 내용 가운데 가장 중요한 부분을 압축해 제목으로 뽑고, 전문은 중요 내용을 육하원칙으로 정리해 한두 문장으로 씁니다.

임진년(1592년) 한양일보

제목 _____

　왜적이 한양까지 위협하자 16일 밤 선조 임금이 궁궐을 빠져나와 한양을 포기한 채 평양으로 피란길에 올랐다.
　전쟁에 대비하지 못했던 조선의 군대는 조총 등 최신식 무기로 무장한 왜적과 제대로 싸워보지도 못하고 패하기에 바빴다. 선조와 몇몇 신하들이 19일 밤에 임진강 나루터에 도착했다. 한밤중이어서 배를 찾기 어려웠는데 왜적들은 선조 일행의 뒤를 바짝 쫓아왔다.

_____
_____
_____
_____

---

6 여행 전문가 입장에서 책에 소개된 여행지나 유적지를 소개해요. 소개하려는 곳이 어디에 있는지 지도로 보여주고, 어떤 곳인지 1분 동안 말해보세요

☞ '행복한 논술' 1쪽에 실린 지도를 참고하세요.

제가 소개할 곳은 _____ 에 있는 _____ 입니다.

이곳을 소개하는 이유는 _____
_____ 때문입니다.

이곳의 특징은 _____

생각이 쑤욱

7 책에 소개된 이야기를 나만의 책으로 만들어 친구들에게 소개해요.

☞ 준비물 : 4절지 컬러 종이 한 장, 필기도구, 여러 가지 채색 도구, 기타 자료

▶표지에는 스스로 정한 제목을 씁니다.
▶이야기를 간추리고, 삽화도 그려 넣어요.

8쪽짜리 만들기

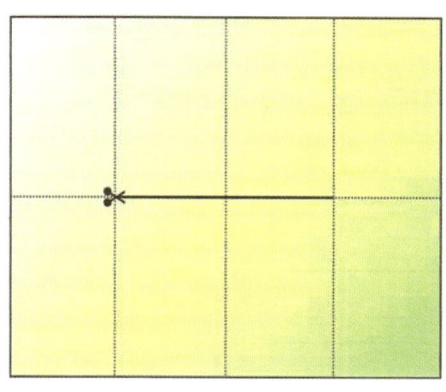

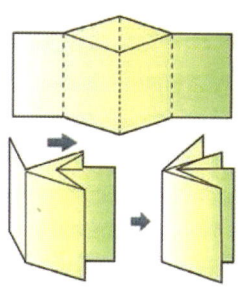

▶**만드는 방법**
- 종이를 8등분해 접는다.
- 실선은 가위로 자르고, 점선은 그림처럼 접는다.

10쪽짜리 만들기

▶**만드는 방법**
-종이를 8등분해 접는다.
-실선은 가위로 자른다.
- 왼쪽 아래부터 점선을 따라 앞뒤로 접으면 10쪽 책이 된다.
-접힌 안쪽은 팝업으로 만들어도 좋다.

☞ 만드는 방법에 따라 오리고 접으면 10쪽 책이 됩니다.

9 『요하네스버그 가는 길』

흑인을 차별한 남아공 이야기

『요하네스버그 가는 길』

베벌리 나이두 지음, 내인생의책 펴냄, 112쪽

 **생각 열기**

　사람 얼굴이나 팔다리를 색칠할 때 쓰는 색을 살색이 아니라 '살구색'이라고 불러야 한대요. 왜 그럴까요?

이 책의 줄거리

엄마 찾아 요하네스버그로 가며 흑인 차별 경험

날레디와 티로는 엄마와 떨어져 산다. 엄마는 요하네스버그의 부유한 백인 집에서 가정부로 일한다. 그 바람에 날레디와 티로는 고향에서 엄마가 돌아오기만 기다린다.

그러던 어느 날, 어린 동생 디네오가 심하게 앓기 시작한다. 엄마를 불러오자고 해도 할머니와 이모는 기다리자는 말뿐이다. 날레디와 티로는 엄마에게 연락하지 말라는 어른들의 말을 듣지 않는다. 그리고 엄마를 모시러 요하네스버그로 몰래 떠난다.

남매는 머나먼 길을 걷는 동안 흑인들이 당하는 모진 차별을 목격한다. 어린 흑인 소년은 학교에 가는 대신 오렌지 농장에서 힘들게 일한다. 요하네스버그까지 데려다 준 흑인 트럭 운전사는 자신이 아닌 백인을 위해 운전 일을 한다. 버스는 흑백으로 나눠 타야 하는데, 흑인이 백인 전용 버스에 실수로 타기만 해도 불호령이 떨어진다. 흑인들은 '패스'라고 하는 신분 확인서를 꼭 지니고 다녀야 하고, 깜빡 잊기라도 하는 날엔 경찰에게 끌려간다.

하지만 남매는 불합리한 사회에 저항하는 흑인들의 움직임도 알게 된다. 하인이 되는 방법만 가르치는 학교를 반대하는 학생들의 시위와 백인을 위해 일하러 나가기를 거부하는 부모들의 이야기를 듣는다. 날레디는 병원에서 고통 받는 사람들을 구하는 의사를 보며, 자신의 삶을 되돌아본다. 날레디의 가슴엔 새로운 희망이 자라난다.

◎ 아파르트헤이트 시절 흑인 거주지에는 수도 시설이 부족해 매일 아침 마을 공동 수도로 아이들이 하루치 물을 사러 가야 했다.

 깊이 읽기

엄마 찾으러 요하네스버그로 떠나

"엄마를 데려와야 해. 안 그러면 디네오는 죽고 말거야!" "하지만 어떻게?" 티로는 어리둥절해했다. "큰 길로 나가서 계속 길을 따라 걷는 거야."(12쪽)

◐ 요하네스버그까지는 뜨거운 열기 속을 헤치며 일주일은 걸어야 하는 거리다.

흑인과 백인 사이의 차별로 얼룩졌던 1970년대의 남아프리카공화국(이하 남아공)에서는 백인의 집에서 일하는 흑인 부모와 아이들이 따로 떨어져 사는 일은 흔한 일이었다. 날레디와 티로의 엄마도 요하네스버그로 일하러 갔다. 그런데 어린 여동생 디네오가 죽을지도 모른다는 생각에 날레디와 티로는 엄마를 데리러 요하네스버그로 가기로 했다.

피부색으로 사람 등급 매기고 흑인 차별 대우

"빨리 타자, 티로!" 날레디는 동생의 팔을 잡고 버스에 오르려고 했다. 그런데 그때 누군가 영어로 버럭 호통을 치는 것이었다. "이런 멍청이들, 지금 무슨 짓 하는 거야?"(33쪽)

◐ 백인 전용 택시

아파르트헤이트는 남아공의 모든 사람들을 백인과 흑인, 유색인으로 나누어 인종에 따라 차별하는 정책이었다. 결혼하거나 집을 사는 일부터 직업을 선택하는 일, 버스를 타는 일까지 모든 면에서 분리된 생활을 해야 했다. 곳곳에 '백인 전용'을 알리는 표지판이 생겼다. 학교와 병원도 인종에 따라 각각 달리 세워졌다. 수영장이나 해변, 공중 화장실이나 공원, 극장이나 식당 등 시설도 백인용과 비백인용으로 나뉘었다.

깊이 읽기

패스가 없으면 경찰에 끌려가 감옥에 갇혀

패스 수색이다! 한 남자가 경찰에게 커다란 목소리로 항의했다. 패스를 깜빡 잊고 집에 두고 왔다는 것이다. 그러니 경찰 한 명이 자기랑 동행해서 패스를 확인하면 되지 않느냐고 말했다. (45쪽)

남아공에서 1952년 시행된 통행법은 16세 이상 흑인은 반드시 통행증을 가지고 다니도록 했다. 경찰 또는 관련 기관 관리는 언제든 흑인에게 통행증 제시를 요구할 수 있었다. 흑인들은 자유롭게 거주하거나 일할 수도, 심지어 통행증 없이는 거리를 돌아다닐 수도 없었다. 통행증이 없으면 경찰에 체포돼 곧바로 감옥에 가야 했다.

○ 통행증이 없어 체포된 흑인들이 수갑이 채워진 채 끌려가고 있다.

흑인 차별 야만성 알리는 학생 시위 시작돼

시위에 참여한 학생들은 정부의 주장을 그대로 가르치는 학교를 반대했다. 두미와 친구들의 손에 들린 펼침막에는 이렇게 적혀 있었다. '흑인은 쓰레기통이 아니야.' (52쪽)

학생들은 하인이 되는 법을 가르치는 학교에 다닐 수 없다며 교육청에 항의하기 위해 평화 행진을 시작했다. 하지만 경찰은 최루탄을 쏘았고, 학생들이 이에 맞서 돌을 던지자 무차별로 총을 쏘아댔다. 피해자 대다수가 어린 학생이었다. 이 항쟁은 아파르트헤이트의 야만성과 비참함을 세계에 널리 알리는 계기가 됐다.

○ 1976년 6월 16일 소웨토에서 흑인 학생들이 대규모 시위를 벌이고 있다.

 묻고 답하기

1   날레디와 티로가 요하네스버그로 떠난 이유를 말하세요.

2   날레디가 엄마에게 왜 함께 도시에서 살면 안 되느냐고 물으면, 엄마는 뭐라고 대답했나요?

3   그레이스가 소웨토로 데려가줄 수 있다는 이야기를 했다는 말을 듣고 엄마의 마음은 둘로 나뉘는 것 같았어요. 왜 그랬나요?

4   백인 정부의 주장을 그대로 가르치는 학교를 반대하며 가두 행진에 나선 두미와 친구들의 손에 들린 펼침막에는 적힌 내용은?

5   날레디는 학교에서 배운 편지 쓰기 내용을 떠올리며 자신도 하인이 되는 법을 가르치는 학교에 다닌다는 생각을 합니다. 학교에서 배웠던 편지 쓰기에 들어간 내용을 말해보세요.

생각이 쑤욱

1 날레디와 티로는 여러 사람들의 도움을 받아 요하네스버그에 있는 엄마를 찾을 수 있었습니다. 누구에게 어떤 도움을 받았나요?

도움 받은 사람	도움 받은 내용

2 아파르트헤이트 시절 흑인은 여러 가지로 차별을 당했어요. 날레디가 겪었던 차별의 예를 세 가지만 말해봐요.

➡

➡

➡

 생각이 쑤욱

3 혼자 힘만으로는 모든 문제를 해결할 수 없다는 것을 깨달은 날레디는 상급생들과 함께 흑인 차별 교육을 반대하는 손팻말을 만들어 거리 행진을 하려고 합니다. 손팻말에 어떤 내용을 담으면 좋을까요?

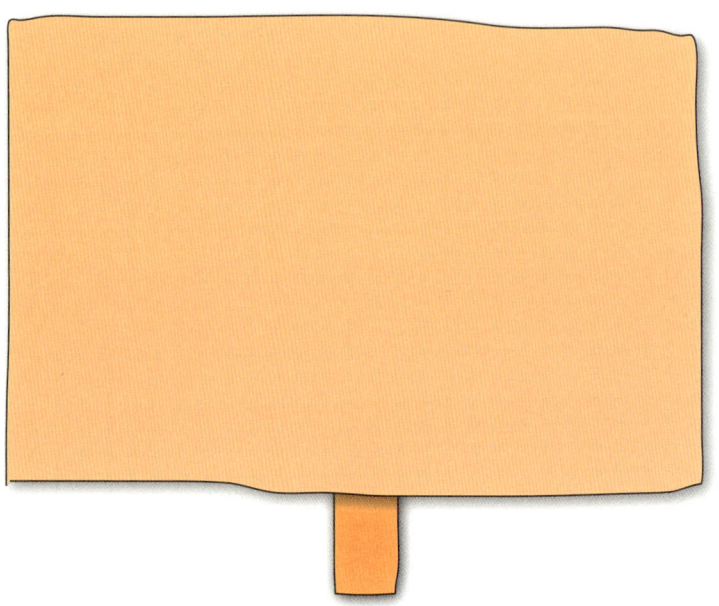

4 1976년 6월 16일 어린 학생들이 남아공의 흑인 차별 교육에 저항하며 소웨토(흑인 집단 거주지)에서 시위를 일으키자 경찰이 마구 총을 쏴 수많은 어린이들이 죽거나 다친 사건이 일어났습니다. 이 사건을 세계에 널리 알려 지원을 요청하려고 합니다. 어떻게 하면 좋을지 아이디어를 내보세요.

◆ 1976년 6월 16일 소웨토에서 발생한 학생 시위 당시 경찰의 총에 맞아 죽은 헥터 피터슨을 한 젊은이가 안고 가고 있다.

 머리에 쏘옥

소웨토 봉기

소웨토 봉기는 1976년 6월 16일 남아공의 요하네스버그 인근 흑인 빈민가 소웨토에서 시작됐어요.

1만 5000여 명의 흑인 학생들이 자기들에게만 아프리칸스어(네덜란드계 백인들이 남아공에 들어오면서 전파한 말)를 쓰도록 강요한 백인 정권에 맞서 거리 행진에 나선 거지요. 질 낮은 학교 교육에 맞서 자신들 고유의 아프리카 언어 교육을 주장한 것입니다.

경찰은 학생들에게 해산을 명령했으나 말을 듣지 않자 총을 쏘았답니다. 이 시위를 시작으로 1976년 한 해 동안 700여 명의 흑인 학생들이 숨졌지요. 결국 1년 만인 1977년 6월 26일 남아공 정부는 모든 흑인 학교에서 아프리칸스어 수업을 폐지합니다.

15년이 지난 1991년에 아프리카 연합은 6월 16일을 '아프리카 어린이의 날'로 선언했습니다.

헥터피터슨박물관

헥터피터슨박물관(사진)은 소웨토에서 일어났던 반 아파르트헤이트 시위와 당시의 상황을 자세하게 알려주는 박물관입니다.

시위 당시 경찰이 총을 쏴 첫 번째로 희생된 13세 소년 헥터 피터슨의 이름을 따 박물관의 이름을 지었습니다.

헥터 피터슨과 함께 희생된 아이들을 위한 기념비도 세워져 있어요.

생각이 쑤욱

5 날레디는 요하네스버그에서 그레이스를 만난 덕분에 자신의 삶을 돌아보며 많은 걸 깨달았어요. 날레디의 마음을 담아 그레이스에게 감사의 쪽지를 보내세요.

6 지금도 남아공 농촌에서는 날레디가 만났던 오렌지 농장의 소년처럼 학교에 다니지 않고 돈을 벌기 위해 일하는 아이들이 많습니다. 일하는 아이들이 학교에 다니게 하려면 정부와 학교, 가정에서 각각 어떻게 해야 할까요?

정부	
학교	
가정	

머리에 쏘옥

우리 사회의 차별

우리나라의 장애인은 200만 명이 훨씬 넘어요. 하지만 장애인의 절반이 정상적인 교육을 받지 못한 상태랍니다. 또 휠체어가 다닐 수 있는 경사로 등 장애인 편의 시설도 부족해 불편을 겪지요.

다문화가정의 어린이는 피부색이 다르다고 따돌림을 당하기도 해요. 놀리는 아이들 때문에 학교에 가기 싫어 가출하거나 학교를 그만두기도 한대요.

북한을 탈출해 남한에 사는 새터민은 북한 사투리 때문에 차별을 당하곤 합니다. 사투리를 쓰는 탈북 청소년이 학교에서 따돌림을 당해 사투리가 나올까봐 아예 입을 다물기도 한답니다.

외국인 근로자의 경우 우리나라 근로자와 똑같은 일을 하면서도 적은 임금을 받기 일쑤죠. 그나마 제때 받지 못하는 경우가 많습니다. 일하다 다치거나 병이 나도 적절한 치료와 보상을 받지 못하기도 합니다.

생각이 쑤욱

7 날레디는 모두가 행복한 세상을 바랍니다. 우리 사회도 과거 남아공처럼 남녀 차별, 장애인 차별, 학력 차별 등이 있습니다. 사회 구성원이 모두 행복해지려면 어떻게 해야 할지 한두 가지 사례를 들어 자신의 생각을 밝히세요(400~500자).

10 『우리 역사를 품은 8가지 그림 이야기』

옛 그림에 담긴 재미있는 그림 이야기

『우리 역사를 품은 8가지 그림 이야기』

김종란 지음, 어린이작가정신 펴냄, 108쪽

 생각 열기

아래 그림은 조선 시대 후기 작품인데, 그림에서 알 수 있는 사실을 모두 말해보세요.

✿ '농촌의 한해살이'(작자 알려지지 않음).

이 책의 줄거리

그림을 보니 역사가 보여요

　시대별로 역사를 알 수 있는 대표적인 우리 그림 여덟 가지를 보여준다. 하나의 그림이 완성되기까지 거친 과정을 이야기 형식으로 소개하고, 자연에서 아름다움을 찾으려고 애썼던 화가들의 뒷이야기도 담았다.

　대곡리 반구대 암각화는 바위 그림이다. 바위 그림에는 선사 시대 사람들의 생활 모습이 담겨 있다. 우리나라는 주로 남부 지역에 바위 그림 유적이 남아 있다. 고분 벽화는 옛 무덤에 그려진 그림이다. 왕이나 귀족처럼 신분이 높은 사람들은 무덤 안을 온통 그림으로 꾸몄다. 신령스러운 동물인 사신(청룡, 백호, 주작, 현무)을 무덤에 그리기도 했다. 고려 불화는 고려 시대에 부처님이 가르친 내용을 누구나 쉽게 이해하고, 부처님에게 다가갈 수 있도록 그렸다. 이웃 나라의 침입을 많이 받았던 고려는 불교의 힘으로 나라를 지키려고 했다.

　'몽유도원도'는 화가 안견(?~?)이 안평대군(1418~53)의 꿈 이야기를 듣고 사흘 만에 그린 산수화다. 조선 시대에는 선비들이 학문을 닦으며 자연스럽게 글씨를 쓰고 그림을 그렸다. 우리 산천을 그린 '금강전도'와 옛사람들의 신명나는 생활을 담은 풍속도의 가치도 다뤘다. 이 밖에 일반 백성의 행복과 웃음을 소재로 한 민화의 특징과 김정희(1786~1856)의 '세한도'에 숨겨진 뒷이야기도 알 수 있다.

깊이 읽기

진경산수화를 처음 시도한 정선

정선의 나이가 50대 후반에 이른 1734년, 정선 최고의 걸작인 '금강전도'가 완성되었습니다. '금강전도'는 금강산 전체를 위에서 내려다보듯 그려졌습니다. (62쪽)

실제 경치를 자신만의 독특한 화법으로 그린 산수화를 '진경산수화'라 한다. 정선은 진경산수화를 처음 시도했다. 우리 화가들은 중국에서 유행하는 그림을 따라 그리던 시대였다. 그러나 정선은 자신만의 화법을 이용해 조선의 산천과 사람의 모습을 있는 그대로 그리려고 했다. 이를 위해 금강산 등 전국의 명승지를 발이 닳도록 돌아다니며 관찰하고, 자신만의 독특한 기법으로 표현하기 위해 노력했다.

▲국보 제215호인 '금강전도'(1734년).

서민의 생활 솔직 담백하게 그린 김홍도

배경을 생략하고 빈 공간을 만들어 인물을 더욱 생생하게 살려내고, 그림 속 이야기에 한층 더 집중하게 했습니다. (75쪽)

김홍도(1745~?)는 풍속화로 유명한 조선 후기의 화가다. 그는 특히 서민의 생활 모습을 세밀하게 관찰한 뒤 솔직하고 담백하게 그렸다. 김홍도는 산수화를 그릴 때도 실제 모습에 충실했다. 그래서 정조(재위 1776~1800)는 김홍도에게 시켜 자신이 직접 볼 수 없는 경치를 그대로 그려오도록 했다. 김홍도의 화풍은 다른 화가들의 작품에도 큰 영향을 미쳤다.

▲김홍도의 '씨름'(1700년대).

> 깊이 읽기

백성들의 삶을 그대로 표현한 민화

사람들의 눈이 호기심을 담고 붓의 움직임을 좇았습니다. "호랑이다, 호랑이!" (84~85쪽)

백성이 그린 그림을 민화라고 한다. 민화는 유치하지만 삶을 솔직하게 표현했는데, 복을 구하며 나쁜 일은 피하고 싶은 백성들의 소망이 녹아 있다. 민화의 대표적인 그림 '호작도'에는 호랑이와 까치, 소나무가 등장한다. 까치는 기쁜 소식을 전하고, 호랑이는 액을 막기를 바랐다. 호랑이를 탐욕스러운 벼슬아치에, 소나무 위에서 호랑이를 골탕 먹이는 까치는 백성에 비유하기도 했다.

▲ '호작도'(작자 알려지지 않음)

김정희의 '세한도'는 대표적인 문인화

마치 글씨를 쓰듯 슬쩍슬쩍 스치는 듯 절제된 붓질로 집을 한 채 그렸습니다. 사실적인 모습과는 거리가 먼 집입니다. (100쪽)

▲ 김정희의 '세한도'(1844년).

옛날에는 글을 잘 알고 교양이 있는 사람을 문인이라고 불렀다. 그들의 그림을 문인화라고 한다.

추사 김정희의 '세한도'가 좋은 평가를 받는 이유는 대상을 사실적으로 묘사하는 그림들과는 달리 겉으로 재주를 뽐내지 않았기 때문이다. 또 그 표현을 최대한 아껴 문인의 정신 세계를 나타냈다. 김정희는 개성적인 서체로 자신의 내면을 드러내는 감동적인 글도 함께 적었다. 작가의 교양과 인품이 그대로 느껴지는 '세한도'는 문인화가 어떤 것인지를 잘 보여준다.

 묻고 답하기

1 대곡리 반구대 암각화에 새겨진 그림을 세 가지 이상 말해보세요.

2 사신은 각각 무엇을 나타내며, 무덤 안에 사신을 그려 넣은 이유는 무엇인가요?

3 '진경산수화'가 어떤 그림인지 설명하세요.

4 김홍도 작품의 가장 큰 특징은 무엇인가요?

5 김정희는 '세한도'에서 누구에게 고마움을 표현했으며, 김정희가 고마워한 이유도 말해보세요.

생각이 쏘옥

1 왼쪽의 그림과 관련 있는 것들을 찾아 선으로 이으세요.

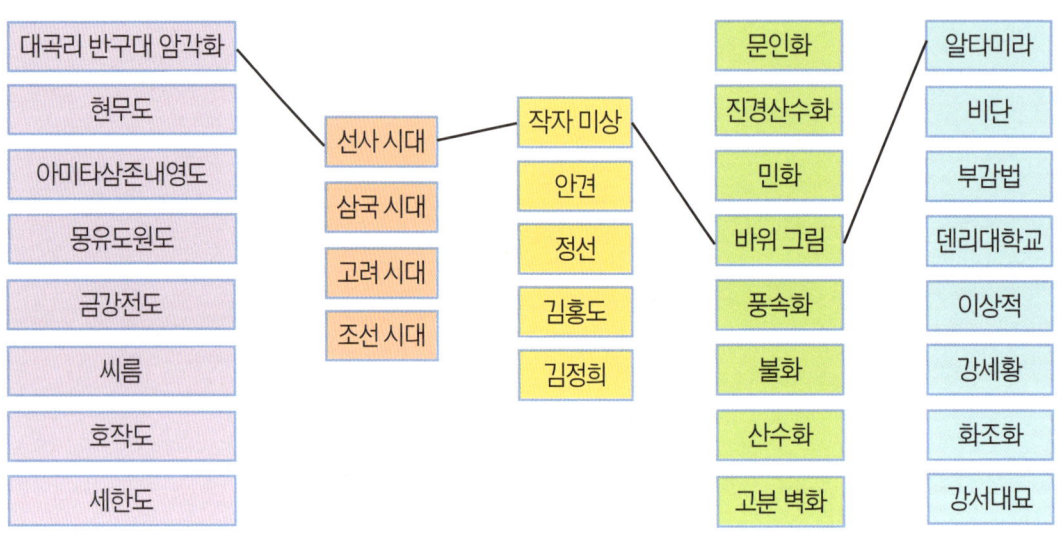

2 아래 그림은 정선 이전 시대에 중국 화풍으로 그려진 산수화입니다. 이 그림이 정선의 진경산수화와 다른 점을 세 가지만 들어보세요.

 **머리에 쏘옥**

정선 이전의 산수화

조선의 선비들은 어지러운 속세에서 벗어나 아름다운 이상 세계에서 살고 싶은 마음을 시와 그림으로 표현했어요.

그들의 산수화에 실제 경치가 아닌 상상의 경치가 담겨 있는 것은, 이러한 마음이 그림에 녹아 있기 때문입니다.

◐ 조선 시대 학자 양팽손(1488~1545)의 '산수도'(1500년대 전반).

생각이 쑥쑥

3 '옛 그림은 과거를 보여주는 사진'이라는 말이 있습니다. 이 말은 무슨 뜻일까요?

머리에 쏘옥

풍속화

사람들의 생활과 각종 행사 등을 소재로 그린 그림을 말해요.

고구려 시대부터 있었지만, 왕이나 귀족이 아닌 백성의 일상을 담은 풍속화가 발전하기 시작한 것은 조선 시대부터였어요. 이 시기부터는 백성들이 일하고 놀이하는 모습 등을 솔직하고 익살스럽게 표현한 그림을 많이 볼 수 있답니다.

4 김홍도의 '서당'을 보면 조선 시대 어린이들이 어떻게 공부했는지 알 수 있어요. 김홍도처럼 요즘 교실 모습을 풍속화로 그려보세요.

⬆ 김홍도의 '서당'(1781년경).

생각이 쑥쑥

5 아래 그림은 조선 시대 화가 김득신의 '파적도'(1700년대)입니다. 그림을 감상한 뒤 어떤 내용인지 이야기를 지어 1분 동안 말해보세요.

◐ 김득신의 '파적도'.

 **머리에 쏘옥**

그림 감상법

① 작품에 표현된 선과 색채를 관찰해요.
② 표현 재료가 무엇이고, 재료의 특성을 어떻게 살렸는지 봐요.
③ 그림의 어떤 점이 독창적인지 생각해요.
④ 잘된 점과 보완해야 할 점을 생각해요.
⑤ 작가가 그림을 통해 말하려는 의도가 무엇이며, 의도를 표현하기 위해 어떤 노력을 했는지 살펴요.

김득신의 '파적도'

김득신(1754~1822)은 김홍도의 영향을 많이 받은 조선 시대의 화가예요. 도장이 찍히지 않았으면 누구의 작품인지 구별하기 어려울 만큼 두 사람의 그림이 비슷하답니다.
김득신의 '파적도'는 '고요함이 깨져 소란스러워진 것을 그린 그림'이란 뜻이에요.

6 일본의 덴리대학교에 있는 '몽유도원도'는 조선의 산수화를 대표하는 귀중한 그림입니다. 덴리대에 이 그림을 돌려달라고 설득해보세요.

◐ 안견의 '몽유도원도'(1447년).

생각이 쑤욱

7 행복미술관에서 관람객들에게 전시물을 설명하는 도슨트라고 생각해보세요. 그리고 책에 소개된 여덟 가지 그림 가운데 가장 마음에 드는 것을 골라 관람객들에게 그 그림을 소개하세요.

◐ '아미타삼존내영도'(작자 알려지지 않음, 1500년대)

◐ 중국 통구 사신총 북쪽 벽에 그려진 '현무도'(작자 알려지지 않음, 500년대 후반).

이 그림은

11 『읽으면 읽을수록 생각이 깊어지는 탈무드 이야기』

유대인에게 배우는 삶의 지혜

『읽으면 읽을수록 생각이 깊어지는 탈무드 이야기』

김현태 지음, 가람어린이 펴냄, 172쪽

생각 열기

삶에서 가장 중요하다고 생각하는 것을 다섯 가지만 들어보세요.

본문 맛보기

지혜로운 삶의 지침서

한 노인이 가난한 농부에게 황금을 빌려주며 7년 뒤 돌려받겠다고 말했다. 농부는 그 황금으로 논과 밭을 사 더 열심히 일해 부자가 되었다. 그리고 이웃도 부지런히 도왔다. 7년이 지난 뒤 노인이 농부를 찾아왔다. 그리고 황금으로 논과 밭을 사 부자가 되었고 이웃까지 돕는다는 농부의 이야기에 감탄해 돌려받으려던 황금을 선물로 주고 떠났다.

▲미국 뉴저지주에서 유대인들을 대상으로 열린 탈무드 읽기 행사 모습.

탈무드에 나오는 '땀 흘려 일한 성실한 농부'의 줄거리다. 탈무드에는 유대인들 사이에서 수천 년 동안 입으로 전해진 여러 가지 삶의 지혜가 담겨 있다.

이 책에는 탈무드에서 선정한 지혜, 희망, 정의, 진실, 감사 등 교훈이 담긴 42편의 이야기가 소개돼 있다.

'기도문을 외우지 못한 제자'에서는 머리가 나빠 기도문을 잘 외우지 못하는 제자와 그런 제자를 무시하는 스승이 등장한다. 제자는 스승의 초대를 받고 잔치에 참석했지만 기도문을 제대로 외우지 못했다. 그래서 스승이 꾸중하자 부끄러운 마음에 집으로 돌아오고 말았다. 그 뒤 스승은 제자가 말보다 실천을 중요하게 여기고, 남을 도우며 산다는 사실을 안 뒤 자신의 행동을 반성하고 제자에게 진심으로 사과했다.

깊이 읽기

진심 어린 감사의 말이 큰 선물보다 나아

"나무야, 미안해. 너에게 해 줄 게 하나도 없구나. 앞으로도 맛있는 열매를 많이 맺길 바랄게. 그리고 힘들고 지친 사람들에게 좋은 쉼터가 됐으면 해. 지금처럼 말이야. 그럼 잘 있어." (167쪽)

▲ 감사 편지를 쓰는 경남 창원의 명서초등학교 학생들.

나그네는 나무 그늘에서 편안히 쉬었고, 잘 익은 나무 열매를 따먹었다. 나그네는 나무에 선물하고 싶었지만 줄 것이 없어 진심으로 감사한 마음만 전했다. 아무리 큰 선물도 진심이 담기지 않으면 가치가 없다. 소박하고 작지만 진심 어린 선물이 오히려 사람들 사이를 가깝게 할 수 있다.

행복해지려면 단점보다 장점부터 찾아야

"와. 내가 날았어. 내가 하늘을 날았다고!" 그제야 새는 깨달았습니다. 하느님이 자기에게 준 건 무거운 짐이 아니라 아주 귀한 선물이었다는 것을 말입니다. (55쪽)

▲ 어린이용 게임 프로그램인 '장점 찾기 놀이'.

새는 훌륭한 날개를 가지고 있었지만 끊임없이 다른 동물들을 부러워하며 슬퍼했다. 하느님이 자신에게 날개라는 선물을 주었다는 사실을 몰랐던 것이다. 사람들은 주변의 잘난 사람과 자신을 비교하며 끊임없이 괴로워한다. 그러나 행복해지려면 단점 때문에 자신을 괴롭히기보다는 장점을 발견해 자신감을 찾는 일이 무엇보다 필요하다.

깊이 읽기

기회는 준비하는 사람에게 찾아와

왕궁 앞에서 기다리던 신하들은 잔치에 참석해 맛있는 음식도 먹고 춤도 추며 왕과 즐거운 시간을 보냈습니다. 그러나 자기 볼일을 보러 간 신하들은 잔치에 참석하지 못했습니다. (87쪽)

▲ 미래를 준비하며 공부하는 고3 학생들.

신하들은 왕의 말을 믿고 왕궁 앞에서 기다렸기 때문에 잔치에 참석할 수 있었다. 서양 속담에 '기회는 문을 두드리고 들어오지 않는다'는 말이 있다. 기회는 언제 찾아올지 모르니 늘 준비해야 한다는 뜻이다. 자신에게 좋은 기회가 오지 않는다고 불평하기보다 미리 대비해 기회를 내 것으로 만드는 현명함이 필요하다.

남을 배려하는 마음이 아름다운 세상 만들어

맹인은 미소를 머금고 말했습니다. "비록 나는 볼 수 없지만, 다른 사람들은 이 등불을 볼 수 있잖아. 어두운 밤, 이 등불을 보고 넘어지지 않는다면 좋지 않을까?" (122쪽)

▲ 장애인 체험을 하는 서울 지하철 직원들.

앞을 보지 못하는 사람이 등불을 들고 다니는 이유는 다른 사람을 배려하기 때문이다. 이런 모습을 본 사람들은 자신도 남을 위한 일을 해야겠다고 생각할 것이다. 작은 것이라도 남을 배려하는 마음이 모이면 세상은 더욱 아름다워지고 살 만한 곳이 될 것이다.

 묻고 답하기

1. '청년이 지붕으로 올라간 까닭'에서 선생님은 청년에게 수업료를 왜 받지 않았나요?

2. '누가 열매를 따 먹었을까'에서 왕이 오차나무를 지키기 위해 절름발이와 맹인을 고용한 까닭은?

3. '내 은화를 어떻게 되찾지'에서 청년이 늙은 영감에게서 돈을 찾기 위해 어떤 꾀를 냈는지 한 문장으로 말하세요.

4. '섬은 어떻게 변했을까'에서 1년 뒤 죽음의 섬으로 쫓겨났던 남자가 한 일을 설명하세요.

5. '부자의 허름한 옷'에서 시골에 사는 부자 친구는 왜 허름한 옷을 입고 다녔나요?

6. '술맛이 왜 이렇게 변했지?'에서 선생이 공주에게 금 그릇에 술을 담으라고 한 까닭은?

 생각이 쑤욱

1 이 책에서 인상 깊은 이야기 하나를 골라 네 컷 만화로 그리세요.

☞ **네 컷 만화 그리는 요령** = 전하려는 이야기의 흐름을 4단계로 정합니다. 그러고 나서 이야기의 흐름에 맞도록 그림을 그린 뒤 말풍선을 채웁니다. 마지막 컷에서는 앞의 내용을 뒤집거나 비틀어 결론을 맺어야 합니다. 말풍선에 넣는 말은 되도록 짧게 해야 합니다.

 머리에 쏘옥

탈무드

 탈무드는 '위대한 연구'란 뜻으로, 유대인의 정신적 스승이 되는 책입니다. 2000여 명의 학자들이 유대인 1000년 역사 동안 전해진 교훈과 지혜 등을 10여 년 동안 작업해 한데 묶었습니다.
 유대인들은 탈무드의 내용에 따라 자신들만의 방법으로 후손을 교육했습니다.
 그 결과 세계적으로 훌륭한 인재를 많이 키웠으며, 이로 인해 탈무드가 세계적으로 널리 알려졌습니다.

▲탈무드

2 유대인들은 탈무드를 '바다'라고 부릅니다. 탈무드의 특징을 참고해 비유할 수 있는 말을 찾아보세요.

탈무드는 '바다'야.
수많은 지혜가 담겨 있기 때문이지.

▲탈무드의 저자 마빈 토케이어.

탈무드는 '_____'야.
_____
_____ 때문이지.

생각이 쑥쑥

3 이 책이 소개하는 탈무드에는 지혜로운 사람들이 많이 나옵니다. 가장 닮고 싶은 사람은 누구며, 까닭은 무엇인가요?

인물	
까닭	

4 '세상에서 가장 운이 좋은 사람'에서 청년은 자신에게 찾아온 것이 절망이 아니라 행운임을 압니다. 이렇듯 나쁜 일이 오히려 좋은 일로 바뀌었던 경험을 말해보세요.

5 '방안에서 닭과 염소를 키우라구요?'에서 노인이 불평하는 농부에게 염소와 닭을 집 안으로 들여놓으라고 하는데, 그 이유는 무엇이었을까요?

머리에 쏘옥

유대인의 교육 방식

▲이스라엘 예루살렘의 한 유대인 학교에서 토론하는 어린이들.

'물고기를 잡아 주지 말고 물고기 잡는 법을 가르쳐라' 라는 유대인 속담이 있어요.

이 속담은 다른 사람이 대신 잡아 준 물고기는 한 번 먹으면 없어지지만, 물고기를 잡는 방법을 배우면 평생 물고기를 스스로 잡아먹을 수 있다는 말이에요.

그래서 유대인 부모들은 자녀들이 학교에서 돌아오면 "오늘은 뭘 배웠니?"라고 묻는 대신 "오늘은 무슨 질문을 했니?"라고 묻는다고 해요.

공부에서 중요한 것은 지식을 외우는 것이 아니라, 스스로 생각하고 답을 찾는 힘을 기르는 것이라고 생각하기 때문이지요.

생각이 쑥쑥

6 '왜 나무를 심는거죠?'에서 나무를 심던 노인은 소년의 질문에 "이것은 나 아닌 다른 사람을 위한 일."이라고 대답했습니다. 노인처럼 후손을 위해 할 수 있는 일을 세 가지만 들어보세요.

7 거짓말은 절대 하지 말아야 하는 것일까요? '때론 거짓말이 필요해'를 참고해 내 의견을 말해보세요.

나는 (거짓말은 모두 나쁘다/선한 거짓말도 있다)고 생각한다.
_____
_____
_____ 때문이지.

8 탈무드는 여러 가지 이야기를 통해 지혜로운 삶의 모습을 보여줍니다. 지혜로운 삶이란 어떤 것인지 1분 동안 주장해 보세요.

 머리에 쏘옥

유명한 유대인들

▲마이크로소프트사 회장을 지낸 빌 게이츠.

미국의 영화 감독 스티븐 스필버그는 작품에서 뛰어난 상상력을 발휘해 많은 사람들의 감탄을 자아냈습니다. 그리고 전설적인 영화배우 찰리 채플린과 발명가 에디슨, 과학자 뉴턴과 아인슈타인, 컴퓨터 프로그램을 개발한 빌 게이츠의 공통점은 뭘까요? 유대인입니다.

70억 명이 넘는 세계 인구 가운데 유대인은 0.3퍼센트인 2000만 명뿐입니다. 그런데 노벨상 수상자의 20퍼센트 이상이 유대인이랍니다.

이렇듯 유대인들이 많은 노벨상 수상자를 내고 인재를 키울 수 있었던 이유는 그들만의 창의적인 교육 방법이 바탕이 되었기 때문입니다.

생각이 쑤욱

9 〈보기〉의 주제 가운데 하나를 골라 탈무드처럼 교훈이 담긴 이야기를 지어보세요.

〈보기〉
지혜의 소중함   나보다 우리를 생각하는 마음   스스로 행복 만들기
정직의 중요성   감사하는 마음 갖기   부모님을 위하는 마음

12. 『왜, 독감은 전쟁보다 독할까-세계사를 바꾼 전염병들』

전염병이 바꾼 인간의 역사

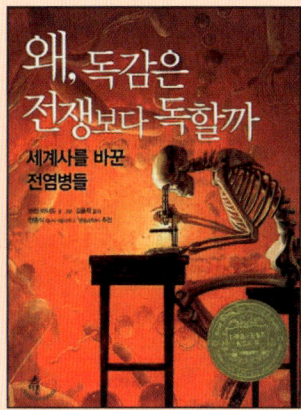

『왜, 독감은 전쟁보다 독할까
-세계사를 바꾼 전염병들』

브린 바너드 지음, 다른 펴냄, 128쪽

 **줄거리**

지금도 지구 어딘가에서는 전쟁이 벌어진다. 인간은 전쟁을 통해 서로 죽이거나 수많은 동식물을 멸종시키며 지금에 이르렀다. 그런데 그렇게 강한 인간을 너무나 손쉽게 괴롭히고, 순식간에 죽음으로 내모는 생물체가 있다. 눈에 보이지도 않을 정도로 작은 미생물이다. 중세 유럽을 변화시킨 원인 가운데 하나는 쥐를 통해 이동하는 세균과 페스트균에 의한 흑사병이었다. 이 병으로 인해 유럽 인구의 3분의 1이 사망했고, 이 바람에 노동력이 부족해져 신분제도가 무너졌다. 역사상 가장 많은 사람을 죽인 살인자는 천연두 바이러스였다. 천연두는 아주 효과적인 살인 무기여서 미생물이 인간에게 알려지기도 전에 이미 생물 무기로 사용된 바 있다. 제1차 세계대전에서 전사한 군인 10만 명 중에 4만 3000명이 스페인독감 때문에 죽었다. 스페인독감은 수많은 사람을 죽음으로 내몰았을 뿐만 아니라 세계의 역사까지 바꿨다.

중세 유럽을 덮친 흑사병과 천연두

(가) 1346년에 새로운 질병으로 유럽의 상황은 돌변했다. 유행병은 지중해에서 스칸디나비아까지 활 모양을 그리며 유럽을 휩쓸고 지나갔다. 이 병에 걸린 환자들은 오한과 고열에 시달리다가 구역질나는 악취를 발산하는 고통스러운 검은 자국을 남겼다. 병을 앓던 환자의 절반은 고통에 시달리다가 죽음에 이르렀다. 그래서 이 병을 떼죽음 또는 역병, 페스트라고 불렀다. 우리는 그것을 '흑사병'이라고 부른다. 흑사병은 4년 만에 유럽 인구의 3분의 1을 죽음으로 내몰았다. 이후 유럽을 휩쓴 어떤 유행병도 흑사병만큼 위력적이지 않았다. (22~23쪽)

◐ 1799년 3월, 나폴레옹이 이스라엘의 항구 도시 자파에서 흑사병에 걸린 군인들을 바라보는 그림.

(나) 유럽인들이 아메리카 신대륙에 들여온 질병 중에서도 최악은 아마 '천연두'였을 것이다. 천연두는 다른 어떤 질병보다도 많은 수의 원주민을 죽음으로 내몰았다. 천연두 바이러스는 피부와 내장 기관, 목, 눈을 공격한다. 고열, 두통과 함께 뽀루지 같은 수천 개의 물집이 얼굴에 잡히기 시작해 몸의 다른 부분으로 퍼져간다. 시간이 지나면서 물집에는 고름이 차오르고 딱지가 앉았다가 떨어지면 움푹 들어간 흉터가 생긴다. 감염자 중 30퍼센트에서 90퍼센트가 죽었다. 운 좋게 살아남더라도 얼굴에 흉한 흉터가 남았고, 실명하는 경우도 많았다. 천연두는 한 번 앓고 나면 평생 면역력이 생기기 때문에 다시 병에 걸리지 않는다. (39~40쪽)

◐ 영국의 의사 에드워드 제너(1749~1823)가 천연두를 예방하는 종두법을 개발한 뒤, 아이에게 시술하는 모습을 나타낸 그림.

노예제도를 없애게 만든 황열병

(가) 1800년대 유럽의 탐험가와 식민지 개척자들은 당시 아프리카 개척을 시작하고 있었다. 유럽인들의 탐욕 때문에 배를 타고 아메리카에 끌려온 아프리카 노예들과 함께 아프리카 풍토병인 '황열병'도 들어왔다. 노예들은 대다수가 이 병에 면역성이 있었지만, 노예 주인은 그렇지 않았다. 황열병

○ 1804년 프랑스 발랑스에 퍼진 황열병에 걸려 고통 받는 사람들을 나타낸 그림.

은 처음에는 카리브해 연안에서, 그 다음에는 남아메리카, 북아메리카에서 노예제도를 소멸케 한 원인이 되었다. 나중에 미국이 북아메리카 대륙 전역에 영향력을 행사하는 데 중요한 역할을 했다. (52~53쪽)

(나) 황열병 자체만큼이나 이해할 수 없었던 것은 아프리카 노예들이 전염병에 영향을 받지 않는다는 사실이었다. 이것은 강력한 이점이었다. 백인 노예상이 병에

○ 노예를 싣고 가는 배(왼쪽 사진)와 노예들이 반란을 일으켜 선원들과 충돌하는 모습(오른쪽 사진).

걸리면 흑인들은 반란을 일으킬 수 있었다. 예를 들어 악명이 높은 노예선 '아미스타드'에서 반란이 일어난 것도 황열병 때문이었을 것이다. 나중에 이 질병이 신대륙에서 플랜테이션 농장을 운영하는 유럽인들을 죽음으로 몰고 갔을 때, 아프리카인들은 탈출하거나 저항하거나 자신들을 고문했던 백인들을 공격할 수 있는 기회를 갖게 된다. (54쪽)

생각이 쑤욱

1 전염병이 전쟁과 비슷한 이유를 대보세요.

 머리에 쏘옥

전쟁보다 무서운 흑사병

흑사병은 1331년 중앙아시아에서 처음 발생했고, 미얀마에서 돌아오던 몽골군에 의해 유럽 곳곳으로 퍼졌다고 해요.

이때 크림반도의 항구 도시 카파를 점령하기 위해 치열한 전투를 벌이던 타타르인들은 한 가지 꾀를 냈어요. 흑사병에 걸려 죽은 시체를 투석기로 성 안에 던져 넣은 것이지요. 성 안에선 이유도 모른 채 병사들이 떼죽음을 당했지요. 그곳에서 무역을 하던 제노바 상인들은 배를 타고 시칠리아섬의 메시나로 도망쳤어요. 병들어 죽어 가던 이들이 1347년 10월에 시칠리아에 도착하면서 흑사병은 이탈리아반도로 퍼져갔지요.

이렇게 해서 흑사병은 유럽의 거의 모든 지역으로 퍼졌고, 죽은 병자를 묻을 겨를도 없이 새로운 사람들이 계속 죽음으로 내몰렸답니다.

2 현대의 어린이들이 천연두에 걸리지 않는 이유는 무엇인가요?

3 중세 유럽 사람들은 흑사병을 제대로 알지 못했어요. 그때 사람들에게 흑사병이 왜 생기며, 어떻게 예방해야 하는지 알려 주세요.

> 질병의 원인을 몰랐던 당시 사람들은 죽음의 신이 쏜 보이지 않는 화살에 맞으면 이 병에 걸린다고 생각했다. 병에 걸리면 온 몸이 검게 변하고 순식간에 사망해 이 병을 '흑사병'이라고 불렀다.
> 그 죽음의 화살을 피하려면 방패막이가 필요한데, 화살을 맞고도 죽지 않는 성인을 믿으면 자신도 전염병의 화살을 맞아도 죽지 않고 살아남을 수 있다고 생각했다.

머리에 쏙쏙

흑사병

흑사병은 페스트균에 의해 감염됩니다. 페스트균에 감염된 들쥐 또는 집쥐 등의 설치류에 기생하는 벼룩이 균을 사람에 옮기면 전염되지요.

이 균은 처음에 남아시아와 동아프리카의 고립된 산악 지대에 사는 쥐들에게서만 나타났지요. 그런데 전쟁이나 무역과 같은 사람의 활동이 활발해지면서 병원균이 옮겨진 거랍니다.

페스트균은 사람의 사타구니와 겨드랑이에 있는 림프샘으로 흘러들어가 몸의 세포를 죽이는 독소를 내뿜지요. 그래서 환자들은 심한 열과 구토, 설사, 호흡 곤란 등으로 고통당하다 심하면 죽게 된답니다.

❖ 중세 유럽인들은 죽음의 신이 쏜 보이지 않는 화살에 맞으면 흑사병에 걸린다고 믿었다.

4 '본문 맛보기'와 아래 기사를 읽은 뒤 어울리는 기사 제목을 지으세요.

> 황열병은 노예들을 싣고 가던 배에서 자주 발생했다. 이 병에 걸린 유럽인 선원들은 모두 죽었다. 아프리카 흑인들은 어렸을 때 이미 이 병을 앓아 면역력을 갖고 있었다. 백인들은 흑인들이 영향을 받지 않는다는 사실이 당혹스러웠다. 또 노예보다 먼저 죽거나 힘이 약해진 주인들은 노예를 부리기 어려워졌다. 결국 황열병은 카리브해 연안에서 남아메리카와 북아메리카로 퍼지며 노예제도를 무너뜨리는 결과를 낳았다.
>
> 행복일보 1887년 3월 6일자

생각이 쑤욱

5 얼마 전 서아프리카에서 발생한 에볼라 바이러스는 1976년 콩고에서 처음 발생했다고 해요. 세계는 그동안 왜 에볼라 바이러스 예방약이나 치료약을 개발하지 못했을까요?

머리에 쏘옥

에볼라 바이러스 예방약 개발

에볼라 바이러스는 1976년 콩고에서 처음 발견되었지만, 40년 가까이 아무도 백신(예방약) 개발에 나서지 않았어요.

에볼라 바이러스는 감염된 사람의 체액이나 분비물, 혈액 등을 직접 만져야 전파됩니다. 그러다 보니 이 바이러스가 아프리카 특정 지역에만 존재하는데다, 다른 대륙으로 전파되지 않았기 때문에 관심을 받지 못했답니다.

하지만 배와 비행기 등 각종 운송 수단이 발달하고, 교류가 활발해지면서 상황이 달라졌어요. 한 지역에만 존재하던 바이러스가 금세 세계로 퍼질 수 있게 된 것이죠.

이제는 의료 환경이 좋지 않아 치료를 받지 못하는 아프리카 사람들을 구해 내는 일도 모두 함께 사는 길이랍니다.

6 과거보다 지금 전염병 예방에 더 신경 써야 하는 이유를 전염병 사례를 구체적으로 들어 설명해요.

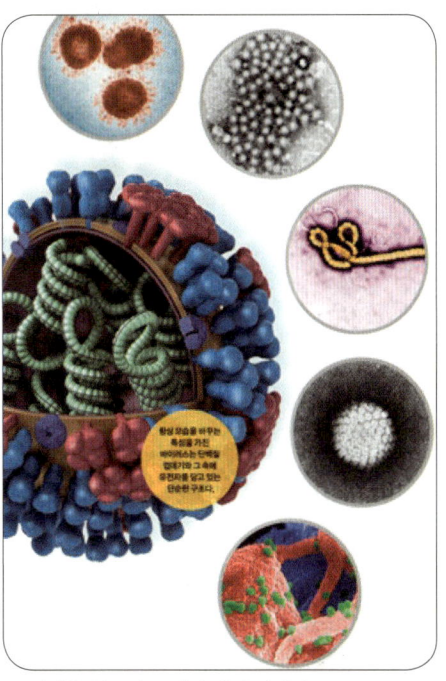

○ 질병을 일으키는 여러 가지 바이러스.

본문 맛보기

도시를 쓸어버린 콜레라와 전쟁의 승패를 가른 독감

(가) 1817년 새로운 질병인 '콜레라'가 인도를 휩쓸었다. 그 질병은 몇 시간 안에 건강한 사람을 무기력하거나 파르스름한 시체로 바꿔 버릴 정도로 격렬하고 심한 설사와 구토를 유발했다. 아무도 그 원인을 알지 못했다. 병이 어떻게 퍼지는지도 알 수 없었다. 사람들이 알았던 사실은 그

◐ 프랑스의 한 병원에 있는 콜레라 환자들을 방문하는 황후를 그린 그림.

것이 사라지지 않는다는 것뿐이었다. 부자든 가난뱅이든 이 질병과 접촉한 사람은 누구나 죽을 가능성이 컸다. 180년 동안 7차례 범유행병이 수백만 명을 죽음으로 내몰았고, 남극 대륙을 제외한 전 대륙에 퍼져갔다. **(115~116쪽)**

(나) 그러나 전쟁이 끝나기 직전 몇 달 동안 인간이 고안한 그 어떤 것보다 파괴력을 가진 새로운 살인마가 나타났다. 그것은 '스페인독감'으로, 20세기에 가장 광범위하게 퍼진 엄청난 유행병이었다. 보통 감기처럼 이 병에 걸린 사람들은 무기력해지며 열이 나고 아프게 된다. 제1차

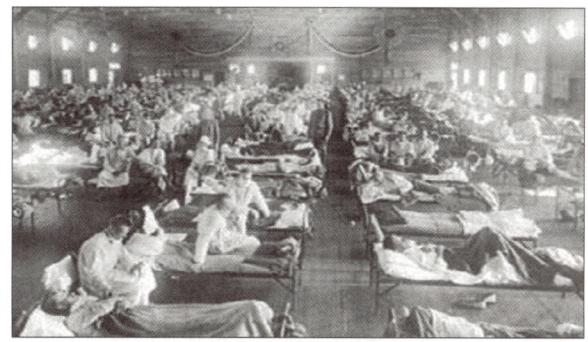
◐ 1918년 3월 스페인독감에 걸린 군인들이 입원한 미국 캔자스주의 펀스턴신병훈련소 군병원.

세계대전에서 사망한 10만 명의 군인 중에 4만 3000명이 스페인독감에 걸려 죽었다. 미국에서 독감으로 사망한 사람이 50만 명가량이었다. 세계적으로 독감 사망자는 2000만 명에서 1억 명에 이르렀다. **(96~97쪽)**

생각이 쑥

7 콜레라를 처음 발견해 수많은 생명을 구하는 데 공을 세운 영국 의사 존 스노(1813~58)의 묘비에는 어떤 내용이 적혀 있을까요?

콜레라를 발견한 사람들

1854년 영국 런던의 의사 존 스노는 소호에서 발생한 콜레라 사망자들의 상당수가 브로드 거리의 공중 펌프 근처에 거주하고 있다는 사실을 알아냈어요. 그는 질병의 원인이 수질 오염 때문인지 알아보기 위해 펌프를 사용할 수 없게 손잡이를 없앴답니다. 그랬더니 근처의 콜레라 감염 환자들이 확 줄었어요.

스노는 런던으로 물을 공급하는 템스강이 원인임을 발견하고, 식수 공급 회사들에게 물을 소독하도록 했지요. 그러자 오염된 물을 먹고 걸리는 콜레라와 다른 질병들이 사라졌습니다.

그리고 1883년 마침내 독일의 생물학자 로베르트 코흐(1843~1910)는 미생물에 감염되어 콜레라가 발병한다는 사실을 밝혀 냈어요.

◐ 로베르트 코흐

8 독감이 유행할 때 독감을 예방하는 행동 요령을 세 가지만 생각해요.

9 아래 기사의 내용을 참고해 친구들에게 전염병 예방을 위해 손 씻기가 중요함을 1분 동안 들려주세요.

깨끗한 손 건강한 사회

해마다 유행하는 독감과 눈병, 식중독의 공통점은 손 씻기로 예방이 가능하다는 것이다. 하지만 요즘에는 옛날보다 위생 상태가 좋아져 손 씻는 일을 소홀히 생각하기 쉽다.

사람의 손은 끊임없이 무언가를 만지거나 집기 때문에 여러 가지 해로운 세균에 많이 노출된다. 결국 자신의 입이나 눈, 코를 통해 병균을 감염시

○ 사람의 질병은 대부분 손을 통해 감염된 세균이 원인이다.

키게 된다. 또 자신이 만진 물건이나 음식을 통해 다른 사람에게도 병을 옮긴다.

깨끗해 보이는 사람의 손에도 한쪽에만 6만 마리의 세균이 붙어있기 때문에 오랜 시간 손을 씻어야 없앨 수 있다. 소독약도 아닌 물과 비누만으로 손에 붙은 세균을 모두 없앨 수는 없다. 하지만 사람의 몸은 세균에 대해 어느 정도 저항력이 있다. 따라서 적절한 손 씻기를 통해 세균의 숫자를 줄여주기만 해도 세균에 감염되어 생기는 병의 60퍼센트를 예방할 수 있다.

경향신문 2013년 5월 22일자 기사 등 참조

독서토론 중급 3호 답안과 풀이

1. 『착한 설탕 사 오너라』

♣ 8쪽

1. 4행시를 지으며 어휘력을 기른다.
 ☞ 예시 답안
  공 : 공평하고
  정 : 정당하게
  무 : 무역을 했더니
  역 : 역시 좋은 결과가 나오네!

2. 독해력이 요구되는 문제다.
 ☞ 예시 답안
  유럽 : 술, 옷감, 유리 구슬
  아프리카 : 노예
  아메리카 : 설탕, 코코아, 커피

3. 배경 지식을 바탕으로 요약 능력을 기른다.
 ☞ 예시 답안
  (사탕수수 즙 짜기)사탕수수는 시간이 지나면 마르기 때문에 베는 즉시 즙을 짠다.→(사탕수수 즙 졸이기)즙을 모아 큰 솥에 넣고 오랫동안 끓여야 하는데, 끓이는 동안 노예들이 국자로 찌꺼기를 거른다.→(알갱이로 만들기)졸인 즙을 식히면서 작은 알갱이가 될 때까지 계속 뒤집는다.

♣ 9쪽

4. 만화적인 표현력을 기르는 문제다.
 ☞ 예시 답안 그림 생략
  첫 번째 컷-차웅이가 착한 설탕을 찾기 위해 퀴즈 여행을 떠난다.
  두 번째 컷-설탕이 어떻게 만들어지는지 안다.
  세 번째 컷-노예와 다름없이 일하며 설탕을 만든다.
  네 번째 컷-일한 사람들에게 제대로 대가를 치르고 산 설탕이 착한 설탕이다.

5. 일주일 동안 산 물건을 점검하며 착한 소비 생활의 실천 방법을 제시하는 문제다.
 ☞ 예시 답안
  일주일 동안 산 물건 : 초콜릿, 연필, 과자, 아이스크림, 뽑기 장난감 등.
  <실천할 수 있는 착한 소비 생활>
  1. 공정 무역 제품을 산다.
  2. 친환경 제품을 산다.
  3. 꼭 필요한 물건만 산다.

♣ 10쪽

6. 다른 사람의 입장이 되어 이해력과 논리력을 기른다.
 ☞ 예시 답안
  노예도 사람인데 병든 환자를 치료하기는커녕 아프지 않은 사람들까지 쇠사슬을 풀지도 않고 바다에 던진 것은 살인이다. 따라서 선장은 죽을 때까지 아픈 사람을 돌보며 노예보다 더 힘들게 일하는 벌을 받아야 한다.

7. 배경 지식을 바탕으로 독창성이 요구되는 문제다.
 ☞ 예시 답안
  여행지 문화를 배우는 여행=여행지 역사 배우기/생활 방식 이해하기/전통 노래와 춤 배우기 등.

♣ 11쪽

8. 종합적인 능력이 요구된다.

 ☞ 예시 답안

구분	하와이 사탕수수 농장	필리핀 설탕 마을
공통점	사탕수수 농장이 있고, 설탕을 만드는 마을이다.	
차이점	노예와 다름없이 힘들게 일하지만 일한 대가를 제대로 받지 못한다.	일한 대가를 제대로 받기 때문에 사람답게 살 수 있어 행복한 마을이다.
느낀 점	1902년 하와이 사탕수수 농장에서 일하는 사람들은 노예처럼 일했지만, 끼니를 간신히 이을 정도의 돈만 받았다. 이에 비해 필리핀 설탕 마을에서는 일한 대가를 제대로 받아가며 설탕을 만들었다. 필리핀 설탕 마을처럼 공정한 값을 치르고 물건을 사고파는 무역을 '공정 무역'이라고 한다. 공정 무역을 하면 물건을 산 사람도 판 사람도 행복해진다. 물건을 살 때 공정 무역 제품인지 확인해야겠다. 공정 무역 제품을 많이 살수록 행복한 사람들이 더 늘어날 것이다.	

2. 『장순근 박사가 들려주는 바다 쓰레기의 비밀』

♣ 16쪽

1. 바다의 가치를 확인하는 문제다.
 ☞ 예시 답안
  먹을거리를 준다/석유나 가스 등 자원을 얻을 수 있다/태양열을 식혀준다/해수욕장이나 갯벌 등에서 휴가를 즐길 수 있다/세계 여러 나라를 오갈 수 있는 길 역할을 한다 등.

2. 독해력을 바탕으로 요약 능력을 기른다.
 ☞ 예시 답안
  바닷가에 쓰레기가 쌓이면 관광객이 찾지 않는다. 바다로 흘러 들어간 농업 하수나 공장 폐수 때문에 붉은 색깔의 미생물이 갑자기 많아지는 적조 현상을 일으켜 바다에 사는 고기를 죽게 만든다. 또 바다에서 사는 동물들이 쓰레기에 걸려 죽거나 쓰레기를 먹고 소화를 시키지 못해 굶어 죽게 만든다.

3. 배경 지식이 필요한 문제다.
 ☞ 예시 답안

쓰레기 종류	최후 모습
죽은 동물	작은 동물은 빠르게 썩어 사라지고, 큰 동물은 다른 동물들의 먹이가 된 뒤 썩어 없어진다.
기름(원유)	바다에 흘린 기름은 햇빛에 의해 증발되거나 미생물의 힘으로 분해된다.
배	철을 갉아먹는 박테리아 등 바닷물에 사는 미생물에 의해 사라진다.
플라스틱, 유리	오랫동안 사라지지 않고 바다 생물들에게 나쁜 영향을 준다.

♣ 17쪽

4. 문제 해결 능력을 기르는 문제다.
 ☞ 예시 답안

쓰레기 종류	분리 수거 방법
우유팩	깨끗이 씻은 뒤 햇볕에 말려 펼쳐 모아 묶는다.
캔	물로 헹군 뒤 납작하게 만든다.
유리병	병은 속을 깨끗이 씻고, 뚜껑은 캔류로 분리한다.

5. 정보를 압축해 표현하는 능력이 필요하다.

☞ 예시 답안
　보이지 않는다고 사라지는 것은 아닙니다!
　바다에 버려진 플라스틱… 바다 밑에 그대로 쌓이고 있어요.
6. 논리력이 요구되는 문제다.
☞ 예시 답안
　포장에 사용된 뒤 버려지는 쓰레기가 우리나라 전체 쓰레기의 5분의 1에 이른다고 합니다. 과자 포장에 쓰이는 종이는 썩는 데 5년 정도 걸리고, 비닐은 100년이 걸린다고 합니다. 포장에서 나오는 쓰레기는 땅에 묻어도 썩지 않아 환경을 오염시킵니다. 과자 포장을 줄여 쓰레기가 나오지 않도록 해주세요. 포장을 간단하게 하면 쓰레기를 줄일 수 있습니다.

♣18쪽
7. 독창성이 요구되는 문제다.
☞ 예시 답안
　우유팩을 깨끗이 씻은 뒤 말린 다음 흙을 담아 화분으로 사용한다/페트병 가운데를 네모로 잘라 구멍을 만든 뒤 물을 담아 어항으로 활용한다 등.
8. 논리력이 필요한 문제다.
☞ 예시 답안
　물고기를 잡으러 간 아빠를 기다리던 아기 펭귄 앞으로 알록달록 그림이 그려진 컵라면 그릇이 떠내려왔습니다. 아기 펭귄은 "처음 보는 물고기인데 맛있게 생겼다!"며 좋아했습니다. 부리로 컵라면 그릇을 쪼았더니 잘게 부서졌습니다. 배가 고팠던 펭귄은 정신없이 컵라면 조각을 먹었습니다.
　그때 아빠 펭귄이 돌아왔습니다. 아기 펭귄은 아빠 펭귄이 잡아온 물고기를 배가 불러 먹을 수 없었습니다. 다음날도 아기 펭귄은 배가 고프지 않았습니다. 아빠 펭귄이 음식을 줘도 배가 부르다며 먹지 않았습니다. 아기 펭귄은 일주일이 지나도록 아무것도 입에 대지 않아 결국 죽었습니다. 컵라면 스티로폼 조각이 소화가 되지 않아 굶어 죽은 것입니다.
　컵라면 그릇 때문에 아기 펭귄이 죽은 것을 안 아빠 펭귄은 슬픔을 달랜 뒤 다시는 비극이 일어나지 않도록 동네 펭귄들에게 낯선 물건은 먹지 말라고 알려줬습니다.

♣19쪽
9. 종합적인 능력이 요구된다.
☞ 예시 답안
　생활에서 나오는 쓰레기는 땅에 묻어 처리한다고 한다. 실험 결과 배추 잎을 땅에 묻었더니 썩었는데, 과자 봉지는 그대로 있었다. 내가 먹는 과자 봉지나 이를 닦는 데 쓰는 칫솔이 썩으려면 100년이 넘게 걸린다고 한다.
　쓰레기가 빨리 썩어 없어지면 쓰레기를 묻는 곳을 적게 만들어도 되지만, 쓰레기가 썩지 않고 쌓이면 새로운 매립지를 계속 만들 수밖에 없다. 자신이 사는 지역에 매립지를 만드는 것을 반대하는 주민들의 모습도 뉴스에서 보았다. 쓰레기를 땅에 묻으면 땅도 오염돼 환경을 해치게 되니 쓰레기를 줄이도록 노력해야겠다.
　재활용 쓰레기는 분리해 버리고, 고장난 물건은 고쳐 사용하며, 물건을 아껴 써야겠다. 종이컵이나 화장지 등 일회용품 대신 컵과 손수건을 가지고 다녀야겠다.

3. 『마법의 약이 넘쳐나는 얼렁뚱땅 과자나라』

♣24쪽
☞ 정답
1.(19쪽)페스티벌에 전시된 과자며 사탕, 아이스크림 등은 물론 앞으로 나올 과자도 공짜로 시식할 수 있다. 또 최고의 고객으로 뽑히면 우리제과에서 나오는 모든 과자와 아이스크림을 평생 공짜로 준다.
2.(39쪽)젖소에게 딸기가 아닌 벌레를 먹인다는 것을 알았기 때문이다.
3.(70쪽)필요 없는 것만 골라 녹여 버리는 약.
4.(119쪽)말을 안 하고, 팔거나 이벤트 같은 것을 하면 소비자들이 맛있다고 사 먹는다.
5.(144-146쪽)햄버거 아줌마가 하던 대로 치즈와 버터를 물에 담아 양을 두 배로 늘렸다. 예쁜 색을 내고 썩거나 부서지지 않게 하기 위해 이것저것 재료들을 모두 섞었다. 굽는 시간을 아끼기 위해 오븐 대신 큰 솥에 기름을 붓고 한꺼번에 튀겼다. 나중에는 버터 대신 과자를 튀긴 탄 기름으로 반죽했다.

♣25쪽
1. 글의 내용을 이해했는지 확인하는 문제다.
☞ 예시 답안

장소	겪은 일
우유 이벤트장	딸기 우유 젖소에게 딸기가 아니라 벌레를 먹여 젖을 짠다. 바나나 우유는 치자 열매를 먹여 젖을 짠다. 바나나 우유에 바나나가 들어가지 않고, 딸기 우유에 딸기가 들어가지 않는다는 사실을 알았다.
과일 음료방	사과 주스는 사과즙 한 방울에 설탕물을 채우고 첨가물을 넣자 색깔이 맛깔스럽게 변했다. 사과 주스가 되기 전 사과를 곱게 화장을 시킨다는 것과 사과 하나로 수십 병의 주스를 만들 수 있음을 알았다.
귤통조림방	마법의 약을 붓고 휘휘 젓자 귤의 속껍질만 위로 둥둥 떠올랐다. 마법의 약이 담긴 유리 상자 속을 휘저었던 손의 살갗이 벗겨진 것을 알고 놀랐다.
푸른 연기의 방	100년이 지나도 썩지 않는 햄버거빵에 오랫동안 양념에 절인 햄과 치즈를 넣고 고기와 뼈, 야채 등을 믹서에 갈아 만든 패트를 넣어 만들었다. 이렇게 만든 햄버거가 패스트푸드에서 먹던 맛과 같아 놀랐다.

2. 정보를 압축해 표현하는 능력이 필요하다.
☞ 예시 답안
　과자 페스티벌은 정말 끔찍했다. 바라던 대로 과자도 많이 먹었고 나중에는 과자로 목욕을 하다시피 했다. 하지만 만드는 재료나 방법이 생각했던 것과 너무 달랐다. 마술인지 속임수인지 궁금한 것도 많이 생겼다. 이제는 과자의 '과'자도 꺼내기 싫다. 과자 이야기만 들으면 속이 이상해지고 헛구역질이 나온다. 그렇게 엉터리로 만든 것들을 그동안 맛있다고 먹었으니 후회가 든다. 앞으로는 절대로 먹지 않을 것이다.

♣26쪽
3. 창의성이 요구된다.
☞ 예시 답안
◆고구마 과일칩을 소개합니다.
-준비할 재료는 고구마, 사과, 키위, 토마토입니다.
-만드는 방법
①고구마는 삶은 뒤에 0.5cm 두께로 자른다.
②사과는 씻은 뒤에 씨를 없애고, 0.5cm 두께로 자른다.
③키위는 껍질을 깎고, 0.5cm 두께로 자른다.
④토마토는 꼭지를 따고, 0.5cm 두께로 자른다.
⑤①~④ 모두 물기를 없앤 뒤에 건조기에서 하루 정도 말린다(150도로 예열한 오븐에서 1시간 정도 구워도 좋다).
4. 배경 지식과 관련해 구체성이 요구된다.
☞ 예시 답안
　과자를 불에 태우고, 아이스크림과 설탕을 끓이는 등의 실험을 통해 식용유와 색소, 향료 등 첨가물이 몸에 해로움을 직접 느끼는 시간을 갖는다/

우리 밀로 만든 빵과 수입 밀로 만든 빵 비교하기 등의 활동을 해 아이들이 몸에 해로운 먹거리의 유해성을 직접 체험할 수 있게 한다/아이들은 과자·음료수·빵·사탕·껌·캐러멜·젤리·초콜릿·아이스크림·빙과류·햄·소시지에 무엇이 들어있는지 확인하고, 자연에서 난 먹거리가 덜 달지만 몸에 가장 잘 어울리는 음식임을 깨닫게 한다 등.

♣ 27쪽

5. 학습한 정보를 바탕으로 추론하고 자신을 점검하는 능력을 기른다.

☞ 예시 답안

소비자들은 아이들에게 안심하고 먹일 수 있는 먹거리라고 생각할 것이다. 다른 제품과 차별화돼 가격이 조금 비싸더라도 소비자의 선택을 받을 것이다. 그리고 소비자가 광고 문구만 믿고 사서 식품 성분을 자세히 살펴보지 않을 수 있다. 예를 들어 우리 밀과 우리 쌀로 만들긴 했지만, 호박이나 밀크향, 초코향 같은 첨가물이 든 경우가 대부분인데도 안전한 먹을거리로 생각할 수 있다. 또 유기농 밀가루를 사용하기는 했는데 알고 보니 수입 유기농 밀가루인 경우도 있고, 백설탕이 첨가된 제품도 있다는 사실을 모를 수 있다.

6. 독해력과 정보를 압축해 표현하는 능력이 필요하다.

☞ 예시 답안

과자는 어린 아이들과 성장기 청소년들이 즐겨 먹는 식품인 만큼 우리의 미래를 해치는 행위나 다름없습니다. 또 콩이나 두부는 넣지 않고 만든 가짜 두부 과자를 대량으로 유통시키면 맛 좋고 영양 좋은 진짜 두부 과자를 만든 업체는 큰 피해를 당합니다. 소비자들도 이제는 더 이상 영양 좋은 두부 과자는 먹으려고 하지 않을 것입니다. 제과업체는 국민에게 안전하고 영양도 좋은 과자를 제공해야 할 의무가 있습니다. 그러니 건강에 해를 끼치는 식품을 만들거나 팔아서는 안 됩니다.

♣ 28쪽

7. 앞서 배운 배경 지식을 바탕으로 자신의 의견을 논리적으로 펼치는 능력을 기른다.

☞ 예시 답안

식품 첨가물은 식품의 모양이나 맛, 질감 등을 좋게 하거나 오래 저장하기 위해 사용합니다. 식품 첨가물의 종류는 600가지가 넘습니다. 천연 물질도 있지만 대부분 모양과 맛, 향을 내고 유통 기한을 늘리기 위한 것으로, 영양 때문에 넣는 것은 아닙니다.

식품 첨가물은 건강에 나쁜 영향을 줄 수 있습니다. 또 사용이 허가된 것이라도 잘못 사용하거나 많이 먹으면 건강에 좋지 않습니다. 첨가물이 몸에 들어가면 50~80%는 배출되지만 나머지는 쌓이게 된다고 합니다. 또 하루에 먹는 첨가물이 수십 가지가 넘는데, 이들이 서로 어떻게 영향을 미치는지 확인되지 않았답니다. 더구나 어린이는 어른보다 해로운 물질을 해독하는 능력이 떨어져 몸속에 계속 쌓일 수밖에 없다고 합니다. 어린이들의 몸은 성장기에 있기 때문에 몸에 나쁜 물질이 쌓이면 어른이 되어 좋지 않은 영향이 나타날 수 있습니다. 그러므로 아이들이 먹는 음식은 식품 첨가물을 적게 넣고 더 세심하게 신경을 써야 합니다.

4. 『왜 남극이 녹으면 안 되나요?』

♣ 33쪽

☞ 정답

1.(23쪽)꽁이가 엄마 아빠를 찾아 바다를 헤매다 한국까지 떠밀려왔기 때문이다.
2.(51쪽)자기가 만든 검은 연기를 직접 없애기 위해서.
3.(56쪽)남식이의 엄마를 찾아주기 위해.
4.(108~11쪽)얼음이 모두 녹고, 날씨가 춥지 않다/사람들이 꽁이 등 동물을 잡으려고 쫓고 있다 등.
5.(121쪽)전깃불을 끄는 등 에너지 절약 방법을 실천하겠다고 말해서.

♣ 34쪽

1. 주인공의 행동을 평가한 뒤 압축해 표현하는 능력이 필요하다.

☞ 예시 답안

재희야! 어려움을 모두 이겨내고, 검은 연기를 없앴구나. 남극의 동물을 지켰어. 훌륭해.

2. 남극 동물들의 특징을 알고, 마음에 드는 동물을 소개하는 문제다.

☞ 예시 답안

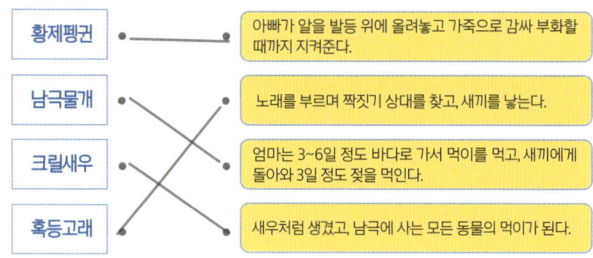

재희가 만난 남극 동물들 가운데 크릴새우(이)가 가장 기억에 남습니다. 이 동물이 재희와 함께 한 일은 표범해표가 재희를 잡아먹으려고 했을 때 재희를 구해냈습니다.

이 동물의 특징은 새우처럼 생겼고, 남극에 사는 모든 동물의 먹이가 됩니다.

3. 공부한 내용을 바탕으로 인과 관계를 논리적으로 밝히는 능력을 기른다.

☞ 예시 답안

남극의 미래는 대부분의 동물이 멸종된 모습이었다. 그렇게 된 이유는 검은 연기 때문에 남극의 얼음이 모두 녹았기 때문이다. 동물은 살 곳을 잃고, 먹을 것을 구하지 못해 살아남지 못한 것이다.

♣ 35쪽

4. 사고의 유연성과 문제 해결력이 요구된다.

☞ 예시 답안

-내가 발생시키는 검은 연기 : 종이 함부로 쓰기/물건을 잃어버리면 찾지 않고 새로 사기/일회용컵 사용하기 등.

-이렇게 바꿀 거예요 : 종이는 뒷면까지 쓴다/물건을 잃어버리면 찾으려고 노력한다/개인컵을 가지고 다닌다 등.

5. 포스터 만들기를 통해 주제를 창의적이며 설득력 있게 표현하는 능력을 기른다.

☞ 예시 답안

-제목 : 남극의 얼음은 동물들의 생명줄

-본문 : 쓸데없이 불이나 TV 등을 켜놓고 있지 않나요? 전기를 쓸 때마다 남극의 얼음이 조금씩 녹고 있어요. 얼음이 녹으면 동물이 살 곳도, 먹을거리도 없어져요.

♣ 36쪽

6. 여행 계획서를 만들며 기획력과 논리력을 키운다.

☞ 예시 답안

-여행 목적 : 펭귄을 보고, 남극의 추위를 체험하고, 블리자드에 물건이 얼마나 멀리 날아가는지 실험한다.

-함께 가는 사람 : 행복한 논술 수업 모둠원들.

-가는 방법 : 인천에서 비행기를 타고 LA를 거쳐 산티에고, 푼타아레나스까지 간다. 푼타아레나스에서 세종과학기지까지는 아라온호를 탄다.

-준비물

생각해야 할 점 : 남극은 냉동실보다 4배는 춥다니 추위에 철저히 대비해야 한다.

구 분	가져갈 물건
옷	보온과 방풍이 잘되는 옷 서너 벌, 털모자, 장갑, 고글, 목도리, 부츠 등.
음식	물, 즉석 식품으로 만든 밥과 카레, 초콜릿 등.
연락과 기록	사진기 기능이 있고, 인터넷과 국제 전화가 가능한 휴대전화.
기타	남극 관련 책, 호루라기, 감기약 등.

♣ 37쪽

7. 이해력, 논리력, 표현력 등 종합적인 능력이 필요하다.
☞ 예시 답안
　　동물들, 미안!
　　지난 겨울 꽁이와 함께 남극으로 출발했다. 처음에는 낯선 남극으로 가기 무서웠지만, 내가 만든 검은 연기는 직접 없애고 싶었다.
　　남식이의 엄마를 찾으러 갔던 포경 기지의 모습이 기억에 남는다. 포경 기지에서는 한때 동물을 마구 잡아들였다. 또 그때 들어온 쥐와 세균 때문에 지금도 동물이 죽어가고 있다. 사람들이 이익을 얻기 위한 행동이 동물을 얼마나 괴롭히는지 알게 되니 미안했다.
　　남극의 미래 모습은 충격적이었다. 검은 연기 때문에 얼음이 모두 녹고, 동물은 대부분 멸종했다. 살아남은 동물도 먹을 것이 없어 힘들어했다.
　　남극을 집어삼킨 검은 연기를 없애는 방법은 의외로 쉬웠다. 에너지를 절약하는 습관을 하나씩 실천하면 되는 거였다. 친구들에게 남극 이야기를 들려주고, 검은 연기를 없애는 일을 함께 하자고 해야겠다.

5. 『나라의 자랑 국보 이야기』

♣ 42쪽
☞ 정답
　　1.(21쪽)일제강점기에 일본 사람들이 우리 문화를 낮춰보려 붙인 이름이라서.
　　2.(33쪽)조선 시대의 전통 건축과 자연의 아름다움이 조화를 이뤄서.
　　3.(40쪽)금동미륵보살반가사유상의 미소가 어머니의 인자한 미소처럼 보여서.
　　4.(54쪽)조상과 백성을 섬기는 것이 나라를 다스리는 첫걸음이라 생각했기 때문에.
　　5.(69쪽)다른 나라는 금속이나 나무 표면에 상감기법을 썼지만, 우리나라는 흙으로 빚은 도자기에 상감기법을 사용했다.
　　6.(75쪽)실록이 불타면 후세에 역사를 전할 수 없기 때문에.
　　7.(91쪽)겨울에도 잎이 시들지 않는 소나무에 빗댔다.
　　8.(104쪽)우리나라에서 가장 크고 오래된 석탑이다/목탑 양식이 남아 있어 목탑에서 석탑으로 넘어가는 과정을 보여준다 등.

♣ 43쪽
1. 독해력이 필요한 문제다.
☞ 예시 답안
질문 1 : 그림인가요?
질문 2 : 도자기인가요?
질문 3 : 탑인가요?
질문 4 : 불상인가요?
질문 5 : 건물인가요?
질문 6 : 삼국 시대 것인가요?
질문 7 : 조선 시대 것인가요?
질문 8 : 제사 지내는 곳인가요?
질문 9 : 왕이 살던 곳인가요?
질문 10 : 후원이 있나요?
답 : 창덕궁
2. 독해력과 추론 능력이 필요한 문제다.
☞ 예시 답안
　－금동미륵반가사유상 : 삼국 시대 사람들은 불교를 믿었다/미륵보살을 만나는 것을 최고의 공덕으로 여겼다 등.
　－조선왕조실록 : 기록을 매우 중요하게 여겼다/기록을 전문으로 하는 벼슬이 있었다 등.
　－하회탈 : 백성은 양반이나 선비에게 불만이 있었다/춤과 노래를 좋아했다 등.
　－세한도 : 신하가 잘못을 저지르면 귀양을 보냈다/스승과 제자의 정이 두터웠다 등.

♣ 44쪽
3. 배경 지식과 국보에 대한 이해가 필요한 문제다.
☞ 예시 답안
　－이중섭의 그림 '소' : 당시의 모습을 잘 보여주며, 예술성이 뛰어나고 독특한 방식으로 그렸기 때문이다. 100년 뒤라면 작품이 완성된 지 150년을 넘기 때문에 국보의 자격도 충분하다.
4. 독해 능력을 바탕으로 인물을 평가하고 본받을 점을 찾는 문제다.
☞ 예시 답안
문화재 지킴이상

전형필

위 사람은 우리 문화재의 해외 유출을 막았을 뿐 아니라, 미술관을 세워 문화재 연구에도 큰 공을 세웠으므로 이 상장을 드립니다.

♣ 45쪽
5. 창의적 사고 중 구체성을 키울 수 있는 문제다.
☞ 예시 답안

행사 제목	국보 골든벨
참여 대상	초등학생
장소	경복궁
행사 내용	우리가 꼭 알아야 하는 국보와 보물 50선을 정해 미리 알리고, 행사장에서 선정된 국보와 보물에 관련된 퀴즈를 푼다. 답을 맞히지 못한 사람은 탈락하고, 마지막까지 남은 사람이 승자가 된다.
행사 준비물	화이트보드, 마커, 이름표

6. 문화재 반환에 관한 자신의 의견을 논리적으로 표현하는 문제다.
☞ 예시 답안
　　우리나라는 지금 『직지심체요절』을 보존할 만한 충분한 기술력과 훌륭한 박물관을 갖추고 있습니다. 문화재는 그 나라의 역사와 삶을 잘 보여주는 소중한 것이므로, 그 문화재를 만든 나라가 가지고 있는 것이 옳습니다.
7. 문화재의 가치를 조리있게 표현하는 말하기 문제다.
☞ 예시 답안
　　문화재는 조상의 삶의 모습을 잘 보여준다. 조상의 지혜와 미적 감각도 문화재를 통해 배울 수 있다. 문화재는 역사를 공부할 때 자료가 되기도 하고, 우리 문화를 발전시키는 밑거름이 되기도 한다.
　　문화재를 보존하지 않으면 훼손되거나 사라진다. 문화재가 없다면 우리는 이런 것을 모두 잃을 것이다. 조상의 삶의 모습도 구체적으로 알 수 없고, 미적 감각도 배우지 못하며, 조상의 우수한 문화를 이어갈 수도 없을 것이다. 조상들이 그랬던 것처럼 우리도 문화재를 잘 보존해 후손에게 물려줘야 한다.

♣ 46쪽
8. 회화적 구성 능력과 독해력, 정보 압축 능력이 필요한 문제다.
☞ 예시 답안
생략

6. 『우리를 잊지 마세요』

♣ 51쪽
☞ 정답
1.(23~24쪽)귀는 탁자, 다리뼈는 우산 꽂이를 만들고, 고기와 상아도 팔기로 했다.
2.(39쪽)먹이와 예방주사 등 기르는 데 돈이 많이 들기 때문에.
3.(64쪽)우주에 가느라 몸에 붙였던 기기 들을 때는 수술을 받다가 죽었다.
4.(81쪽)"어쨌든 살아야 해. 살아야 흙도 밟을 수 있고, 무지개도 볼 수 있어. 수탉을 만나면 예쁜 병아리도 낳을 수 있지. 그러니 끝까지 포기하지 말고 살아."

5.(92쪽)열매와 개구리, 들쥐를 찾기 어려워졌고, 배를 곯는 날이 점점 늘었다.
6.(115쪽)전에는 보지 못한 거대한 얼음벽을 만났는데, 얼음벽을 기어오르다 발을 헛디뎌 얼음벽에서 떨어져 죽었다.

♣52쪽
1. 독해력과 판단력을 기르는 문제다.
☞ 예시 답안
　파도라는 개가 가장 불쌍하게 느껴졌다. 은수는 파도를 귀여워했는데, 어느 날 갑자기 헤어져 너무 슬펐을 것이다. 파도도 좋은 친구를 잃어 많이 외로웠을 것이다. 그 동안에는 잘 키웠지만 갈수록 먹이나 예방주사 때문에 돈이 많이 들어 멀쩡한 개를 내다버렸다는 것은 말도 안 된다. 은수 부모님이 몰래 내다버리지만 않았어도 파도가 모르는 사람에게 잡혀가 몽둥이로 두들겨 맞아 죽는 끔찍한 일은 생기지 않았을 것이다.

2. 융통성과 구술 능력이 요구되는 문제다.
☞ 예시 답안
　-토끼 : 토끼를 잡아 털을 이용해 장갑이나 겨울옷을 짓는다.
　-돌고래 : 넓은 바다에서 살아야 하는데 사람들에게 쇼를 보여주기 위해 동물원에서 길러진다.
　-물고기 : 공장에서 바다나 강으로 흘려 보낸 폐수 때문에 그곳에 살던 물고기들이 죽는다 등.

3. 배경 지식을 적용하는 문제다.
☞ 예시 답안

상황	보살피는 방법
사료를 줄 때	안전한 먹이를 적당한 양만큼 준다
병에 걸렸을 때	신속하게 정성껏 치료한다
다른 곳으로 옮겼을 때	낯선 곳에서 불안을 느끼지 않고 잘 적응하도록 관심을 갖고 보살핀다

♣53쪽
4. 사고와 이해의 폭을 확장시키는 문제다.
☞ 예시 답안

분류	공통점	차이점
포유류	-새끼를 낳아 젖을 먹여 키운다 -몸은 머리와 몸통, 다리로 나뉜다 -머리에 눈, 코, 귀, 입이 있다	-사람은 다른 포유류와 달리 글을 사용해 감정을 표현한다 -사람은 두 발로 걷지만, 다른 포유류는 주로 네 발을 사용한다 -사람은 옷을 입지만 다른 포유류는 옷을 입지 않는다
조류	-체온이 일정하다 -집을 짓고 산다 -척추동물이다	-사람의 몸은 피부, 조류의 몸은 깃털로 덮여 있다 -사람은 스스로 날지 못하지만 조류는 대다수가 스스로 난다 -사람은 새끼를 낳고, 조류는 알을 낳아 번식한다
파충류	-폐로 호흡한다 -땅에서 생활한다 -심장 구조가 2심방 2심실(좌심방, 우심방, 좌심실, 우심실)이다	-사람은 다리가 곧지만 파충류는 다리가 양옆으로 퍼졌다 -사람의 몸은 피부, 파충류는 비늘로 덮여 있다 -사람은 체온이 일정하고, 파충류는 주변 환경에 따라 변한다

5. 설득력이 요구되는 문제다.
☞ 예시 답안
　"동물도 사람과 마찬가지로 잘 대해주면 좋아하고, 미워하거나 괴롭히면 슬퍼하는 법이에요. 자기가 기르던 반려 동물을 절대 함부로 버리지 마세요. 주인을 잃고 거리를 헤매다 죽을 수도 있어요. 끝까지 돌봐줄 수 없는 일이 갑자기 생긴다면 주변에서 잘 돌봐줄 수 있는 사람에게 부탁하거나 동물 보호 단체에 연락하세요. 또 아무런 잘못도 없는데 때리거나 괴롭히는 것은 더욱 안 돼요. 동물은 사람이 알아들을 수 있는 언어로 표현을 할 수는 없지만 그들에게도 감정이 있고, 무엇보다 행복할 권리가 있으니 사랑과 정성으로 보살펴야 합니다.

6. 논리적인 구술 능력을 기르는 문제다.
☞ 예시 답안
　-찬성 : 인류가 발전하려면 연구와 실험을 반드시 계속해야 합니다. 사람을 대상으로 실험할 수는 없으니 사람과 비슷한 동물을 이용해 실험하는 일은 당연합니다.
　-반대 : 실험에 이용된 동물은 결국 죽게 됩니다. 사람이 모든 동물 가운데 가장 뛰어나며 세상을 다스릴 수 있다고 해서 동물의 생명을 함부로 빼앗을 권리는 없습니다.

♣54쪽
7. 회화적인 표현력이 요구되는 문제다.
☞ 예시 답안

1) 엄마펭귄이 바다로 먹이를 구하러 나가며 아빠펭귄과 인사를 나눈다. -엄마펭귄 : "여보, 오늘은 제가 크릴새우를 좀 구해 올게요." -아빠펭귄 : "괜찮겠어요? 얼음벽이 위험한데 조심해서 다녀와요."	2) 엄마펭귄이 며칠이 지나도록 돌아오지 않자, 이번엔 아빠펭귄이 집을 나선다. -아빠펭귄 : "아가야, 아무래도 엄마를 찾아봐야겠다. 먹이도 구해 돌아올 테니 집에 꼼짝 말고 있어." -아기펭귄 : "네, 아빠. 대신 얼른 빨리 와야 해요."
3) 이틀이 지나도록 아빠펭귄도 돌아오지 않자, 집에 혼자 남은 아기펭귄이 울고 있다. -아기펭귄 : "엄마, 아빠! 왜 안 와요. 너무 무섭고 배도 고파요."	4) (다음 날…) 아기펭귄은 아빠와 엄마를 찾아 나섰지만, 길을 잃고 헤매다 결국 배고픔을 견디지 못한 채 바닷가에 쓰러져 죽는다.

8. 융통성과 독창성이 요구되는 문제다.
☞ 예시 답안
　환경을 보호한다.
　-꽃이나 나무를 마음대로 꺾지 않는다.
　-쓰레기도 함부로 버리지 않는다.
　-음식을 남기지 않고 먹는다.

♣55쪽
9. 종합적인 능력이 요구된다.
☞ 예시 답안
　평소 동물의 생명도 사람과 마찬가지로 소중히 여기고 존중해야 한다고 생각했다. 하지만 그동안 개미나 모기처럼 작은 벌레들은 아무 생각 없이 함부로 죽였다. 글에 나온 다람살라 사람들은 정말 마음이 따뜻하고 진심으로 생명을 소중히 여기는 것 같다. 다람살라가 우리나라보다 경제적으로나 문화적으로 앞선 곳은 아니겠지만, 동물을 사랑하고 보살피는 마음만은 훨씬 나은 것 같다.
　나도 다람살라의 어린 아이처럼 작은 생명도 소중히 여기는 마음을 가져야겠다. 무엇보다 동물도 행복할 권리가 있다는 사실을 기억해야겠다. 사람으로 태어났다는 이유만으로 많은 특권을 누린다는 생각을 하니 다른 동물들에게 미안한 마음이 들었다.
　주변에서 동물을 보면 귀여워해주고, 집에서 반려 동물을 기르는 친구들에게도 정성스러운 마음을 가지고 보살피라고 말해야겠다.

7. 『말과 글에도 주인이 있어요!!』

♣60쪽
☞ 정답
1.(17쪽) 예전에는 자신이 더 유명한 화가였지만, 지금은 지혜의 엄마가

더 유명해져서.
2.(45쪽)은별 : 찬우에게 잘 보이려고/지혜를 이기고 싶어서 등.
은별의 엄마 : 지혜 엄마에게 이기려고.
3.(61쪽) 시 쓰기 대회에 지혜를 내보내 사생 대회에서 진 것을 만회하려고.
4.(92쪽) 은별의 시를 올린 블로그에 예은이 댓글을 남겨서.
5.(110쪽)박은수 선생님의 위로를 들었기 때문.

♣61쪽
1. 책의 내용을 바탕으로 등장 인물의 마음을 추측하는 문제다.
☞ 예시 답안

은별	주변 사람들이 모두 나를 욕할 거야. 엄마. 어떡해?
은별이 엄마	큰일이야. 일단 댓글을 지우고 숨겨야겠어. 별 일 없을 거야.
현우와 지혜	은별이가 그럴 리가 없어. 뭔가 잘못된 거야.
예은	너무 억울해. 왜 내 시로 은별이가 상을 받는 거지?
박은수 선생님	네 것이 아니라고 사과하고 용서를 빌어라.

2. 글의 내용을 이해했는지 확인하는 문제다.
☞ 예시 답안
내가 쓴 일기/ 내가 그린 그림/ 내가 블로그에 쓴 독후감 등.

♣62쪽
3. 추론 능력을 기른다.
☞ 예시 답안
　지혜를 이기고 상을 받고 싶었지만, 시를 어떻게 써야 할지 몰라서/남의 것을 베껴 시를 완성하는 것에 죄책감을 느끼지 못했기 때문에 등.
4. 배경 지식을 바탕으로 현실적인 대응 방안을 찾는 문제다.
☞ 예시 답안
　-먼저 그 사람의 작품보다 내 작품이 먼저 만들어졌다는 증거를 찾을 것이다. 그 뒤 상을 준 기관이나 회사에 전화해 내 작품이 먼저였음을 알린다.
　-신문사나 인터넷 게시판에 내 작품이 표절당했다는 사실을 알린다. 내 블로그에 내 작품과 표절한 작품을 동시에 올린 뒤 사람들에게 판단해 달라고 하는 글을 쓴다.

♣63쪽
5. 배경 지식과 공부한 내용을 바탕으로 논리력을 기른다.
☞ 예시 답안
　-저는 은별이에게 벌을 주어야 한다고 생각합니다. 자신의 죄를 깨닫고 사과했다고 벌을 받지 않는다면 다음에 다른 사람이 같은 일을 저질렀을 때도 벌을 줄 수 없습니다. 벌로 반성문을 쓰고, 그 글을 은별이의 블로그와 학교 인터넷 홈페이지에 올려야 한다고 생각합니다.
　-저는 은별이에게 벌을 주지 않아도 된다고 생각합니다. 은별이는 충분히 마음고생을 했고 앞으로 같은 잘못을 저지르지 않을 것입니다. 게다가 피해자인 예은이도 은별이를 용서했으니 더 이상의 벌은 필요없다고 봅니다.
6. 배경 지식을 바탕으로 한 구체성이 요구된다.
☞ 예시 답안
　여러 사람의 입장에서 사물을 생각한다/대화나 사건에 숨은 내용을 찾는다/항상 자세히 살펴보고 질문한다 등.

♣64쪽
7. 함축적인 언어 표현 능력이 필요한 문제다.
☞ 예시 답안
　상을 받고 싶어서
　도둑질을 했어.
　잘못인 줄도 모르고.

　훔친 말로

　큰 상을 받고
　좋아서 팔짝팔짝 뛰었지.

　하지만 곧 가슴이
　콩닥콩닥 뛰었어.
　내 잘못이 들킬까봐.

　내가 갖고 싶었던
　빛나는 상장도
　모두 빛을 잃었어.

　훔친 것은
　내 것이 아닌데
　나는 그것도 몰랐어.

8.『오천 년 우리 강 이야기』

♣69쪽
☞ 정답
1.(21쪽)소정방이 백마를 미끼로 이용해 용을 낚았기 때문이다.
2.(32쪽)정선 관아 관리들에게 단양에는 삼봉이 필요 없으니 도로 정선으로 가져가라고 했다.
3.(75쪽)조선에 전쟁이 일어나 임금이 피란길에서 임진강을 밤에 건넌다면 그때 불을 지펴 무사히 건널 수 있도록 하기 위해.
4.(102쪽)두대산 꼭대기 마름과 뿌연 영산강 물 등 주변 지형을 잘 이용했기 때문이다.
5.(126쪽)오늘 아침에 떡을 세 개 먹었냐고 묻는 줄 알고 다섯 개를 먹었기 때문에 손가락 다섯 개를 펴 흔들었다.

♣70쪽
1. 우리나라 주요 강 이름과 위치를 짝짓는 문제다.
☞ 예시 답안

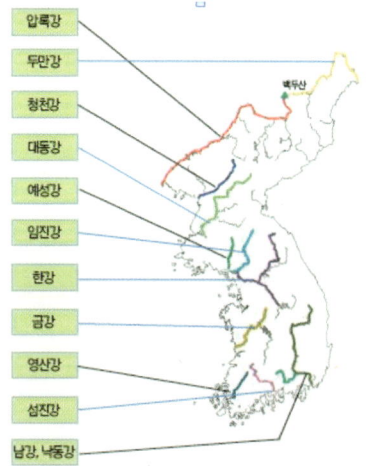

2. 강 이름 노래를 부르며 강 위치를 기억한다. 우리나라 지형도 알 수 있다.
☞ 예시 답안

우리나라 강 이름 노래

115

♣71쪽
3. 단어의 유래를 파악하는 문제다. 독해력을 바탕으로 요약 능력을 키운다.
☞예시 답안
　화가 난 이성계가 고려 충신들을 두문동 밖으로 나오게 하려고 마을 입구에 불을 질렀지만 한 사람도 나오지 않았어요.
4. 논개 이야기를 바탕으로 가상 인터뷰를 완성하는 문제다. 이야기 구성 능력이 필요하다.
☞예시 답안
　최경회 장군은 왜 남강에 몸을 던졌나요?
　: 최 장군은 왜군에 맞서 용감하게 싸웠지만 결국 일주일 만에 진주성을 빼앗겼어요. 그래서 스스로 남강에 몸을 던진 것입니다.
　일본 적장을 끌어안고 강물에 뛰어들 때 어떤 생각을 하셨나요?
　: 여자지만 저도 이 나라의 백성이기 때문에 적장을 죽여 조국을 지키는 데 도움을 주고 싶었어요, 그래서 강물에 뛰어들 때 조금도 두려움이 없었어요.
　촉석루와 의암을 찾는 사람들이 어떤 마음을 가지면 좋을까요?
　: 나라를 위해 싸운 유명한 장군도 많지만, 이름 없이 죽은 백성도 많다는 사실을 기억해 주셨으면 합니다.

♣72쪽
5. 이야기를 바탕으로 가상 기사를 완성하는 문제다. 추론 능력을 기를 수 있다.
☞예시 답안
　제목 : 이율곡이 지은 정자가 임금 구해
　바로 그때 갑자기 언덕 위에서 불길이 치솟았다. 이율곡이 지은 화석정이 활활 타올랐다. 선조 일행은 그 불빛에 의지해 나루터에서 배를 찾아 임진강을 무사히 건널 수 있었다. 화석정은 선조와 신하들이 강을 모두 건널 때까지 불탔다. 임금을 구한 건 이율곡이 지은 정자였다. 전쟁에 대비해 10만 대군을 양성해야 한다고 말할 때 아무도 믿지 않았지만, 이율곡은 고향에 내려와서도 임금을 위해 정자를 지었다. 그리고 이율곡의 가족들은 그가 시킨 대로 때 맞춰 정자에 불을 질렀던 것이다.
6. 우리나라의 여행지나 유적지를 소개하며 특징을 알고, 문제 해결 능력을 기르는 문제다.
☞예시 답안
　제가 소개할 곳은 경기도 덕양산에 있는 행주산성입니다.
　이곳을 소개하는 이유는 조선 임진왜란 때 행주산성에서 벌어졌던 행주대첩 때문입니다.
　이곳의 특징은 행주산성이 덕양산 위에 있고, 뒤로는 한강이 흐르고 있어 군사적으로도 중요하며 적군들이 쉽게 다가올 수 없었던 점입니다.

♣73쪽
7. 책 이야기를 간추리고 그림과 함께 구성해 나만의 책을 만드는 문제다. 독해력과 공작 능력, 편집 능력 등 종합적인 능력을 키운다.

<표지>
우리 젖줄
우리 강 이야기

이름:

1. 뱃사공 손돌의 전설이 얽힌 한강

삽화	삽화
인조 임금 때 한강 마포나루에 손돌이라는 뱃사공이 살았죠. 손돌이는 노도 잘 젓고, 뱃길도 눈을 감고 알 정도였어요.	1624년 어느 날, 이괄이 난을 일으켰어요. 임금은 서둘러 강화도로 피난길에 올랐죠. 손돌이 뱃사공으로 뽑혔어요.
배에 탄 임금이 소용돌이가 치는 여울을 만났어요. 그런데 손돌이 점점 여울 쪽으로 가는 게 아니겠어요? "저 뱃사공도 이괄과 한패가 아닐까? 혹시 나를 물에 빠뜨리려고?" 신하 한 명이 손돌이를 의심하고 주의를 주었어요.	하지만 손돌은 계속 배를 몰아 여울로 들어갔어요. "저 놈이 이괄의 꼬임에 빠진 게 틀림없어. 여봐라! 저 뱃사공의 목을 당장 베어라." 임금이 명령을 내리자 신하들이 손돌의 목을 베려 했어요. 그때 손돌이 임금 앞에 넙죽 엎드렸어요.
"전하, 한강 하류는 물살이 매우 험해 여울을 무사히 건너려면 이 길밖에 없습니다. 제발 저를 믿어 주십시오!" "여봐라, 더 들을 것도 없다. 당장 목을 베어라."	손돌은 체념한 채 임금에게 마지막으로 부탁했어요. "소인이 죽은 뒤 배가 거센 물살에 휩쓸릴 것입니다. 그때 이 바가지를 강물에 띄우고 바가지가 흘러가는 대로만 배를 저으십시오." 손돌이 죽고 다른 뱃사공이 배를 저었어요.
삽화	

9. 『요하네스버그 가는 길』

♣78쪽
☞정답
1. (12쪽) 어린 여동생 디네오가 심하게 앓자 걱정이 되어 요하네스버그에서 일하는 엄마를 데리러 가려고.
2. (28쪽) "법을 만드는 백인들이 그걸 허용하지 않으니까. 그게 이유야."
3. (42쪽) 그레이스의 어머니를 잘 알고 있어 안심이 되기도 했지만, 소웨토가 위험한 지역이라 걱정되었기 때문에.
4. (52쪽) '흑인은 쓰레기통이 아니다.'
5. (77쪽) 편지의 내용은 요리나 청소, 빨래, 정원 가꾸기 등을 얼마나 잘하는지 알리는 것이고, 편지의 마지막은 늘 '충성과 복종심을 담아'로 끝났다.

♣79쪽
1. 글의 내용을 이해했는지 확인하는 문제다.
☞예시 답안

도움 받은 사람	도움 받은 내용
날레디 친구 폴렝	날레디 남매 대신 할머니에게 물을 사다 주는 등 여러 가지 일을 도왔다. 그리고 날레디 남매가 길을 떠날 때 먹을 수 있게 고구마와 물 한 병을 챙겨 주었다.
오렌지 농장의 소년	오렌지 농장 헛간에서 밤을 지낼 수 있게 도와주고, 옥수수죽도 가져다 주었다.
화물차 운전사 아저씨	요하네스버그까지 화물차 짐칸에 태워 데려다줬다. 버스 정류장에서 아이들에게 버스에 타면 어디를 간다고 말해야 하는지, 내릴 정류장은 어떻게 물어야 하는지도 설명했다.
그레이스	날레디 엄마가 사는 곳까지 데려다 주었다. 잘 곳이 마땅치 않은 날레디 남매를 소웨토에 있는 자기 집에 데려가 먹을 것도 주고 하룻밤 묵게 해줬다.

2. 독해력과 정보를 압축해 표현하는 능력이 필요하다.

☞ 예시 답안

백인의 집에서 일하는 엄마와 같이 살지 못하고 따로 떨어져 지내야 했다/오렌지 농장에서 일하는 소년은 학교에 가지 못한 채 일을 하고, 화물차 운전사는 자신이 아닌 백인을 위해 운전했다/버스는 흑백으로 나뉘어 백인 전용 버스에 실수로 올라타기라도 하면 불호령이 떨어졌다/흑인들은 '패스'라 불리는 신분 확인서를 꼭 지니고 다녀야 하고, 깜빡하기라도 하는 날에는 경찰에게 끌려간다 등.

♣80쪽

3. 사고의 유연성과 민감성을 기르는 문제다.
☞ 예시 답안

배우려고 학교에 들어와, 하인이 되어 나간다/아프리칸스어 반대/쓰레기 교육을 거부한다 등.

4. 창의력 가운데 민감성과 융통성이 필요하다
☞ 예시 답안

유엔에게 소웨토 참상 찍은 사진 보내기/세계 각국에 남아공의 흑인 차별에 관한 실태를 적은 편지 보내기 등.

♣81쪽

5. 독해력과 배경 지식을 바탕으로 한 구체성이 요구된다.
☞ 예시 답안

그레이스, 안녕하세요?

요하네스버그에서 정말 고마웠어요. 그레이스가 아니었다면 우리는 아직도 엄마를 찾지 못해 요하네스버그를 헤매고 있을지도 몰라요. 덕분에 내 동생 디네오도 건강을 되찾았어요.

제게 많은 걸 깨닫게 해주신 점도 감사드려요. 무엇보다 모든 사람이 평등한 기회를 얻으며 행복하게 더불어 사는 세상에 대한 희망을 찾게 되었어요. 의사가 되고 싶다는 꿈도 처음 갖게 되었습니다. 의사가 되어 가난해서 병을 제대로 치료받지 못하는 사람들을 도울 수 있다는 생각만 해도 가슴이 벅찹니다. 하지만 학교 공부는 하인이 되는 방법을 배우는 게 전부인데, 그들을 위해 무엇을 할 수 있을지 걱정도 됩니다. 그래서 개학하면 상급생들의 모임에 나갈 생각이에요.

오늘도 하루 종일 두 남동생을 돌보고 집안일도 혼자 다 해내며 씩씩하게 보냈을 그레이스의 모습이 떠오르네요. 언제 다시 그레이스를 만날 수 있을지 기다려집니다.

6. 배경 지식과 공부한 내용을 바탕으로 문제 해결력과 논리력을 기른다.
☞ 예시 답안

정부	모든 국민이 교육을 공평하게 받을 기회를 가질 수 있도록 열악한 교육 시설을 개선하고, 교육의 질을 높이기 위해 적극 투자한다.
학교	학부모와 학생이 학교를 신뢰할 수 있는 교육 프로그램을 만들며, 학생들이 공부에 흥미를 느낄 수 있도록 교육 여건을 개선한다.
가정	가정 경제가 어려워도 자녀들이 지금 당장 돈을 벌기보다는 학교에 보내 교육을 받도록 한다.

♣82쪽

7. 종합적인 사고력과 판단력, 자신의 의견을 논리적으로 전개하는 능력이 요구된다.
☞ 예시 답안

사람마다 차이가 생기는 것은 당연하다. 하지만 우리 사회에는 다르다는 이유로 누구나 누려야 할 권리를 누리지 못하는 사람들이 있다. 직업이나 성별, 피부색 등이 다르다고 다른 사람들을 대할 때 차별하곤 한다. 다문화가정의 어린이는 피부색이 다르다고 따돌림을 당하기도 한다. 놀리는 아이들 때문에 학교에 가기 싫어 가출하거나 학교를 그만두기도 한다. 장애인의 절반은 정상적인 교육을 받지 못한 상태고, 장애인을 위한 편의 시설이 부족해 불편을 겪는다.

나와 다르다고 차별하는 것은 옳지 않다. 사람들은 모두 다른 모습을 지녔지만 똑같이 소중하다. 서로 다른 사람들이 각자가 지닌 장점과 특성을 살린다면 사회는 더욱 발전할 것이다. 따라서 다름을 인정하고 그 차이를 배려하는 시설이나 정책, 제도를 마련해 차별을 없애는 일이 중요하다. 나와 다르고 낯선 모습을 그대로 인정하고 받아들이려는 노력도 필요하다.

10. 『우리 역사를 품은 8가지 그림 이야기』

♣87쪽

☞ 정답

1. (13쪽) 어미 고래와 새끼 고래/작살에 맞은 고래 등 고래 사냥하는 모습/호랑이와 멧돼지 등의 육지 동물/배에 탄 사람/고래잡이 배 등.
2. (24쪽) 청룡·백호·주작·현무/고구려인들은 무덤 벽에 사신을 그려 놓으면 무덤도 잘 지켜지고 후손도 잘살 수 있다고 생각했다.
3. (66쪽) 실제 경치를 자신만의 독특한 화법으로 그린 산수화.
4. (75쪽) 여백을 적절히 활용했으며, 배경을 생략하고 빈 공간을 만들어 인물을 더욱 생생하게 살려냈다.
5. (100쪽) 이상적/귀양살이를 하는 자신을 잊지 않고 붓과 종이, 중국의 서책 등을 보내주어서.

♣88쪽

1. 그림이 그려진 시대와 작가, 그림의 종류, 그 밖의 여러 관련 사항을 짝 짓는 문제다.
☞ 예시 답안
- 대곡리 반구대 암각화-선사 시대-작자 미상-바위 그림-알타미라
- 현무도-삼국 시대-작자 미상-고분 벽화-강서대묘
- 아미타삼존내영도-고려 시대-작자 미상-불화-비단
- 몽유도원도-조선 시대-안견-산수화-덴리대학교
- 금강전도-조선 시대-정선-진경산수화-부감법
- 씨름-조선 시대-김홍도-풍속화-강세황
- 호작도-조선 시대-작자 미상-민화-화조화
- 세한도-조선 시대-김정희-문인화-이상적

2. 두 그림의 특징을 비교·대조하며 논술 능력을 기른다. 관찰력도 기를 수 있다.
☞ 예시 답안

1. 구도 : 정선의 그림은 화폭이 가득 메워져 있는데, 양팽손의 '산수도'는 중심이 왼쪽에 치우쳐 있다.
2. 산 모양을 표현한 방법 : 정선은 산세를 꼼꼼하고 자세히 표현했고, 양팽손은 대략적인 윤곽만 그렸다.
3. 전체 느낌 : 정선은 경치를 사실적으로 묘사했지만, 양팽손은 안개와 구름을 그려 신비스럽게 표현했다.

♣89쪽

3. 주어진 문장에 함축된 의미를 파악하는 문제다.
☞ 예시 답안

그림은 사진처럼 지나간 자연의 모습이나 생활상 등을 알려준다는 뜻.

4. 풍속화에 관한 지식을 바탕으로 교실 풍경을 그리는 미술 영역 활동이다.
☞ 예시 답안 그림 생략

'행복한 논술'로 공부하는 방과후 교실 모습/긴장감 넘치는 시험 시간/국영수 등 교과 시간/체육 시간 같은 예체능 수업 모습 등.

♣90쪽

5. 그림을 글로 구성하는 문제다. 종합적인 사고력을 기를 수 있다.
☞ 예시 답안

따스한 햇볕이 내리쬐는 봄날 오후였다. 툇마을에선 집주인이 꾸벅꾸벅 졸고, 마당에선 어미닭과 병아리들이 한가롭게 놀고 있었다. 갑자기 배고픈 고양이가 소리 없이 나타나더니 병아리 한 마리를 물고 잽싸게 달아났다. 이를 본 어미닭이 놀라 꼬꼬댁거리며 날개를 퍼덕이자 집주인이 깜짝 놀라 잠에서 깼다. 집주인은 고양이를 향해 장대를 휘두르다 잠이 덜 깬 탓

117

에 그만 손을 헛디뎌 마루 아래로 떨어지고 말았다. 그 바람에 쓰고 있던 탕건과 돗자리를 짜는 틀까지 우당탕 요란한 소리를 내며 마당으로 굴러 떨어졌다. 이 소리에 놀란 어미닭은 더 큰 소리로 꼬꼬댁거리고 다른 병아리들도 팔짝팔짝 마당을 뛰어다녔다. 부인은 소란스러운 광경을 보고 웃음을 터뜨렸다.

6. 문화 유산의 소중함을 알고, 문제 해결 능력을 기르는 문제다.

▶ 예시 답안

덴리대 총장께!

안녕하세요. 대한민국의 행복초등학교 4학년 이행복이라고 합니다. 지난주 우리나라 조선 시대 안견이 그린 '몽유도원도'에 관한 책을 읽었습니다. 이 그림은 조선 시대의 한 왕자가 꿈에서 본 무릉도원을 그린 것입니다. 복숭아밭이 신비롭고 환상적으로 묘사된 아름다운 그림이지요.

총장님, 몽유도원도는 소중한 우리 문화 유산입니다. 그러니 돌려주세요. 이 그림이 옛날에 어떤 이유로 일본에 건너갔든, 이제 그 그림의 주인인 한국에 돌려주는 것이 옳다고 생각합니다. 조선의 혼과 문화가 담긴 그림은 한국 땅에서 한국인이 연구해야 하니까요. 일본도 일본의 옛 문화를 알려주는 귀중한 그림이 외국에 나가 있다면 찾아오려 하지 않겠습니까.

한국의 훌륭한 작품이 일본 땅에서 잠자는 것이 안타깝습니다. 이 작품이 제 가치를 평가받을 수 있도록 있어야 할 자리에 돌려주세요.

0000년 00월 00일
이행복 올림

♣91쪽

7. 이해력, 논리력, 표현력 등 종합적인 능력이 필요하다.

▶ 예시 답안

-대곡리 반구대 암각화 : 대곡리 반구대 암각화는 국보 제285호입니다. 이렇게 바위를 쪼아내거나 바위를 갈아서 새긴 그림을 '암각화'라고 합니다. 선사 시대 사람들은 바위나 동굴 벽에 여러 동물 모습 등을 새겼습니다. '반구대'라는 말은 거북이가 엎드린 모양이란 뜻입니다. 가로 약 10m, 높이 약 3m의 절벽 바위에 고래와 호랑이, 멧돼지 등 바다 고기와 육지 동물 75종 200여 점을 새겼습니다. 어부가 배를 타고 고래를 잡고, 사냥꾼이 짐승을 잡는 모습 등 3000년 전 사람들의 생활 모습을 자세히 엿볼 수 있지요. 고래를 잡는 장면은 지금까지 발견된 기록 가운데 세계에서 가장 오래된 것이어서 가치가 매우 큽니다. 동물의 특징과 사람의 활동 모습을 사실적이고 섬세하게 그려, 미술 작품의 가치로도 뛰어나지요.

-현무도 : 중국 지린성 지안현에 있는 통구 사신총에는 '사신도'가 그려져 있습니다. 그 가운데 북쪽 벽에 있는 그림이 '현무도'입니다. 석벽에 색을 칠한 고분 벽화죠. 고분 벽화는 옛 무덤에 그린 그림을 말합니다. 현무도는 서로 으르렁거리는 듯 이를 한껏 드러내고 마주보는 뱀과 거북이 한 몸이 되어 칭칭 얽혀 있습니다. 현무도 외에 나머지 신은 청룡과 백호, 주작입니다. 오색 비늘이 번쩍이는 듯한 청룡, 뱀 꼬리와 같은 긴 몸으로 갈기를 휘날리는 백호, 요동을 치며 날아오르는 주작과 함께 현무는 무덤을 지키는 신입니다. 이들을 사신이라고 하는데, 청룡은 동쪽, 백호는 서쪽, 주작은 남쪽, 현무는 북쪽의 수호신이에요. 고구려인들은 무덤 벽에 사신을 그려 놓으면 무덤도 잘 지켜주고 후손도 잘살 수 있다고 생각했습니다.

-아미타삼존내영도 : 이 그림은 찬란한 부처님의 세계를 그린 고려 불화입니다. 비단에 색을 칠한 아름다운 그림으로, 1500년대에 그려진 것이죠. 국보 제218호입니다. 불화란 부처님이 가르친 내용을 누구나 쉽게 이해하고 부처님에게 다가갈 수 있도록 그린 그림을 말합니다. 우리 불화는 대다수 탱화로 제작되었는데, 비단이나 베 또는 종이에 그려 벽면에 붙이거나 걸 수 있게 만들었습니다. 그림의 주제는 주로 아미타불이나 관세음보살 등입니다. 그 가운데에서 가장 많이 그린 그림은 죽은 사람을 극락 정토로 인도한다는 '아미타삼존내영도'입니다. 우리나라의 불화는 긴 역사를 지나면서 겪어온 종교적인 체험과 감동이 서린 자랑스러운 문화 유산입니다. 그러나 삼국 시대의 불화들은 일부를 제외하고는 그 흔적을 찾을 수 없는 게 안타까운 일입니다.

-몽유도원도 : 조선 시대 화가 안견이 그린 그림입니다. 우리 그림이지만 현재 일본 덴리대학교 중앙도서관에 소장되어 있습니다. 몽유도원도는 복숭아꽃 흩날리는 꿈속에서 노닌 그림인 산수화입니다. 세종대왕의 셋째 아들인 안평대군이 어느 날 급하게 안견을 찾아 밤새 꾼 꿈을 자세하게 얘기합니다. 꿈 얘기를 한 뒤 이 광경을 하나도 빠짐없이 생생하게 그려달라고 부탁하죠. 그 다음날 바로 가져온 안견의 그림에 안평대군은 감탄했다고 합니다. 안평대군은 이 그림에 시 한 수를 썼습니다. 시 외에 꿈 이야기와 안견에게 꿈속 경치를 그리게 한 경위 등을 기개 넘치는 문체로 유창하게 써내려갔지요. 안평대군 외에 박팽년, 신숙주 등 당시 내로라하는 학자 스물두 명의 시문을 붙였습니다. 이로써 '몽유도원도'는 최고의 문장과 서체를 갖춘 한 권의 보배로운 두루마리로 꾸며졌습니다.

-금강전도 : 이 그림은 1734년 정선이 그린 작품입니다. 국보 제217호지요. 날카로운 바위산과 부드럽게 표현된 흙산이 서로 대비되면서도 조화를 이룬 훌륭한 그림입니다. '금강전도'는 진경산수화라고 말합니다. 진경산수화는 우리 산천을 그린 그림을 말하죠. 너 나 할 것 없이 중국에서 유행하는 그림을 따라 그리던 시대에, 정선은 이처럼 우리나라 산천을 자기 눈으로 직접 보고 자기만의 화법을 연구해 조선 후기에 진경산수화풍을 창안했습니다. 그리하여 우리나라 역사상 가장 위대한 화가로 첫손에 꼽히게 되었습니다. 정선 이후에는 정선의 화풍을 기본으로 해 금강산을 그리는 전통이 생겼습니다. 진경산수화에는 조국 산천을 우리의 화법으로 그리는 자랑스러운 정신이 깃들어 있기 때문일 것입니다.

-씨름 : 조선 시대 김홍도가 그린 그림입니다. 1700년대 작품이죠. 보물 제527호로 국립중앙박물관에 있습니다. '씨름'은 옛사람들의 신명나는 생활을 그린 풍속화입니다. 당시 조선은 나라가 안정된 가운데 백성의 살림이 여유로우며, 사회 전체의 분위기가 자유롭고 활달해졌습니다. 그에 따라 서민의 생활 모습을 그대로 그리는 풍속화가 유행하기 시작했지요. 백성의 실생활에 관심이 많았던 정조는 화원들에게 '보는 사람들이 깔깔 웃을 수 있는 풍속화를 그리라'고 특별히 명할 정도였습니다. 아마도 백성의 생활과 마음을 실감나게 그리라는 뜻이었을 것입니다. 김홍도의 그림에서 살펴볼 수 있는 가장 큰 특징은 여백을 적절히 활용하는 능력입니다. 배경을 생략하고 빈 공간을 만들어 인물을 더욱 생생하게 살렸습니다.

-호작도 : 작가도 그린 연도도 알 수 없지만, 어떤 그림보다 행복과 웃음을 주는 그림입니다. 조선 시대의 회화는 양반이 감상하고 즐기는 가운데 발전했습니다. 일반 백성은 18~19세기에 이르러서야 생활 공간을 장식하는 등 생활에 필요한 그림을 그리게 되었습니다. 이렇게 백성이 그린 그림을 '민화'라고 합니다. 민화는 지방을 떠돌던, 제대로 그림 공부를 하지 못한 이름 없는 화가들이 그렸습니다. 유치하지만 삶을 솔직하게 표현한 민화에는 백성의 웃음과 행복이 담뿍 담겨 있습니다. 호작도에는 호랑이와 까치, 소나무가 항상 등장합니다. 까치가 기쁜 소식을 전하고, 호랑이는 액을 막아주기 바랐지요. 호랑이를 탐욕스럽고 못된 벼슬아치에, 소나무 위에서 호랑이를 놀리고 골탕 먹이는 까치는 백성에 비유하기도 했습니다.

-세한도 : 이 그림은 1844년에 김정희가 그린 것입니다. 국보 제180호로 국립중앙박물관에 있습니다. 귀양살이를 하던 김정희는 항상 자신을 정성스럽게 뒷바라지한 고마운 제자인 이상적을 위해 붓을 쥐었습니다. 그리고 마치 글씨를 쓰듯 슬쩍슬쩍 스치는 듯 절제된 붓질로 집을 한 채 그렸습니다. 또 집을 둘러싼 나무 네 그루를 그렸지요. 하늘을 향해 당당하게 뻗은 잣나무와 옹이투성이로 멋지게 휘어진 소나무들이었습니다. 그 옆에 단정한 해서체로 이상적에게 편지를 썼지요. '세한도'가 높이 평가받는 이유는 대상을 사실적으로 묘사하는 그림들과 달리 겉으로 재주를 뽐내지 않았기 때문입니다. 표현을 최대한 절제하는 기법으로 문인의 정신 세계를 표현하고, 개성적인 서체로 자신의 내면을 드러낸 감동적인 글도 볼 수 있습니다.

11. 『읽으면 읽을수록 생각이 깊어지는 탈무드 이야기』

♣96쪽

1.(12쪽)청년의 배우려는 열정에 감동했기 때문이다.
2.(35쪽)몸이 멀쩡한 사람을 뽑으면 열매를 다 따먹을까봐.
3.(50쪽)돈을 훔쳐간 영감에게 자신이 다른 은화 주머니를 가지고 있고, 그것을 처음 묻었던 자리에 묻으려고 한다는 사실을 일부러 알렸다.
4.(62쪽)굶어 죽지 않기 위해 꽃과 과일나무를 심었다.

5. (71쪽) 허름한 옷을 입어도 자신이 부자라는 것을 다 알기 때문에.
6. (154쪽) 아주 귀한 것도 보잘것없는 그릇에 담아 두는 것이 더 좋을 때가 있다는 사실을 깨우치게 하기 위해.

♣97쪽
1. 독해력을 바탕으로 내용을 압축해 회화적으로 표현하는 능력을 키운다.
☞ **예시 답안 그림 생략**
<우리 공주, 이렇게 자랐구나>
첫 번째 컷 : 왕이 갓 태어난 공주를 내려다보며 '공주가 빨리 어른이 되는 방법을 찾겠다!'고 말한다.
두 번째 컷 : 학자가 왕에게 '방법은 있습니다. 그러나 12년 동안 공주를 보실 수 없습니다.'라고 말하고, 왕은 '그렇게 하겠다!'라고 기뻐하며 외친다.
세 번째 컷 : '12년 뒤…'.
네 번째 컷 : 왕은 많이 자란 공주를 보고 '오오! 큰 상을 내리겠다!'며 기뻐한다. 학자는 돈이 가득 든 자루를 들고 기뻐하며 궁을 떠난다.
2. 탈무드의 가치를 이해하고 비유법을 사용해 표현하는 능력을 키운다.
☞ **예시 답안**
탈무드는 보물상자야. 우리에게 도움이 되는 보물 같은 지혜가 가득하기 때문이지.

♣98쪽
3. 독해력을 바탕으로 등장인물의 행동을 평가한다.
☞ **예시 답안**

제목	섬은 어떻게 변했을까
인물	왕
까닭	1년 뒤면 쫓겨나는 것을 두려워하지 않고, 꾸준히 자신의 앞날을 준비해 마침내 섬을 사람이 살기 좋은 곳으로 바꾸었기 때문이다.

4. 자신의 경험을 조리 있게 발표하는 문제다.
☞ **예시 답안**
3학년 때 학교에서 강원도 영월의 별마로천문대로 현장 학습을 간 적이 있다. 그런데 나는 천문대 계단을 오르다가 다리를 심하게 삐어 야간 산행에 참가할 수 없었다. 속이 상해 울었지만, 선생님들은 위험하다며 데리고 갈 수 없다고 말씀하셨다. 그런데 천문대 연구원 아저씨들은 혼자 남아 있던 내가 안쓰러우셨는지 특별히 나에게 커다란 망원경으로 하늘을 볼 수 있게 해주셨다. 망원경으로 바라본 밤하늘의 별은 정말 멋졌다. 내가 다리를 삐지 않아 야간 산행에 참가했다면 그런 경험은 할 수 없었을 것이다. 그 일을 겪은 뒤 좋지 않은 일이 생길 때도 실망하기보다는 다른 좋은 일이 있지 않을까 하고 기대하는 버릇이 생겼다.
5. 책의 내용을 바탕으로 추론하는 문제다.
☞ **예시 답안**
더 시끄러운 환경을 만들어 농부가 과거를 그리워하게 하려고/농부가 처해 있던 상황이 최악의 상황이 아니란 것을 알려주기 위해서 등.

♣99쪽
6. 배경 지식을 바탕으로 구체적인 행동을 계획하는 문제다.
☞ **예시 답안**
온실효과를 방지하기 위해 나무를 많이 심는다/일회용품을 되도록 사용하지 않는다/물을 아껴 쓴다 등.
7. 배경 지식을 바탕으로 자신의 의견을 조리 있게 발표하는 문제다.
☞ **예시 답안**
-나는 거짓말은 모두 나쁘다고 생각한다. 아무리 좋은 뜻으로 거짓말을 했어도 남을 속이는 짓이다. 게다가 사람들이 진실을 알면 상처를 입을 수도 있다. 사람은 언제나 정직해야 한다. 어떠한 상황에서도 거짓말은 옳지 않다.
-나는 좋은 거짓말도 있다고 생각한다. 청년이 솔직하게 말했다면 여러 사람이 상처를 입었을 것이다. 청년은 자신을 위해서가 아니라 다른 사람들을 위해 거짓말을 했다. 이처럼 남을 위한 거짓말은 배려가 될 수 있다.

8. 배경 지식을 바탕으로 탈무드에서 얻을 수 있는 지혜로운 삶의 모습을 추측한다.
☞ **예시 답안**
생각의 폭이 좁으면 멀리까지 내다보지 못하고 자신의 이득만 생각해 일을 그르치기 쉽다. 스스로 행복과 희망을 만들지 못하는 사람은 모든 일에 불평불만만 늘어놓아 자신의 환경이 좋아도 불행하다고 생각하게 된다. 자신만 생각하며 살면 다른 사람에게 피해를 주고, 결국 자신도 다른 사람들에게 사랑을 받지 못하며 살게 될 것이다. 지혜로운 삶이란 생각의 폭을 넓혀 스스로 행복과 희망을 만들고, 다른 사람을 먼저 생각하는 마음으로 사는 것을 말한다. 이렇게 살면 모두 행복해지고, 사회는 더욱 살기 좋은 환경으로 바뀔 것이다.

♣100쪽
9. 종합적인 능력을 키우는 문제다.
☞ **예시 답안**
어느 마을에 형제가 살았습니다. 형은 돈을 많이 버는 부자 상인이었지만, 부모님을 찾아뵙지 않았습니다. 그는 부모님께 달달이 돈을 보내긴 했는데, 사람을 시켜 전달할 뿐이었습니다. 이에 비해 동생은 가난해서 부모님을 물질적으로 돕지는 못했지만, 일을 마치고 부모님을 늘 찾아가 재미있는 이야기를 해 드리고 어깨도 주물러 드렸습니다.
부모님의 40번째 결혼 기념일이 다가왔습니다. 형은 예전과 마찬가지로 금화를 가득 넣은 주머니를 축하한다는 편지도 없이 심부름꾼에게 들려 보냈습니다. 심부름꾼은 현관에 금화 주머니를 쿵 내려놓고 가버렸습니다. 부모님은 오랜만에 큰아들의 얼굴이 보고 싶어 가게로 찾아갔습니다. 하지만 큰아들은 시간이 없다는 핑계를 대고 부모님을 만나지 않았습니다. 부모님은 힘이 빠져 터덜터덜 집으로 돌아오다 집 근처 산길에서 풀밭을 기어다니며 무언가를 찾는 작은아들을 만났습니다.
"얘야, 거기서 무얼 하니?"
"어머니! 아버지! 예전에 네잎 클로버를 갖고 싶다고 하셨잖아요? 저는 가난해 드릴 것이 없어요. 두 분이 오래오래 건강하게 사시길 바라는 마음에서 네잎 클로버를 찾고 있었어요. 죄송해요."
부모님은 아들을 꼭 껴안았습니다. 작은아들은 돈이 없어도 부모님이 평소 갖고 싶어하던 것을 기억해 그것을 구하려고 애를 썼던 것입니다. 부모님은 큰아들의 돈 선물보다도 작은아들의 마음에 감동해 눈물이 핑 돌았습니다.

12. 『왜, 독감은 전쟁보다 독할까-세계사를 바꾼 전염병들』

♣104쪽
1. 배경 지식이 필요하다.
☞ **예시 답안**
전염병과 전쟁은 순식간에 사람들을 죽음으로 내몰고 공포에 떨게 한다.
2. 독해력이 필요한 문제다.
☞ **예시 답안**
1796년, 영국의 의사 에드워드 제너가 천연두를 예방하는 종두법을 개발한 뒤부터 면역력을 갖게 되었기 때문이다.

♣105쪽
3. 배경 지식을 바탕으로 정보 압축 능력과 구술 능력을 기른다.
☞ **예시 답안**
흑사병은 페스트균에 의해 감염됩니다. 페스트균에 감염된 들쥐 또는 집쥐 등의 설치류에 기생하는 벼룩이 균을 사람에 옮기면 전염되지요. 흑사병을 예방하려면 무엇보다 감염된 쥐들이 사람들에게 접근하지 않도록 주위를 항상 청결히 해야 합니다. 예방 접종을 하면 흑사병에 걸리지 않습니다.
4. 독해력을 바탕으로 기사의 제목을 만들며 정보를 압축하는 능력을 기를 수 있다.
☞ **예시 답안**

황열병이 흑인 노예들에게 자유를 주다

♣106쪽
5. 배경 지식이 필요하다.
☞ 예시 답안
 에볼라 바이러스는 감염된 사람의 체액이나 분비물, 혈액 등을 직접 만져야 전파된다. 그런데 이 바이러스는 아프리카의 특정 지역에만 존재하는데다, 다른 대륙으로 전파되지 않았기 때문에 세계의 관심을 받지 못했다. 또 선진국들은 에볼라 바이러스 예방약이나 치료약을 개발해도 많은 이익을 얻지 못한다고 생각해 개발하지 않았다.

6. 전염병 예방에 신경 써야 하는 이유를 아는 문제다.
☞ 예시 답안
 배와 비행기 등 각종 운송 수단이 발달하고, 교류가 활발해지면서 한 지역에만 존재하던 바이러스가 금세 세계로 퍼질 수 있게 됐다. 2014년 에볼라 사태도 지난 2월부터 8개월째 지속되며 사망자가 2300명을 넘었다. 이번 사태는 대도시 등 인구 밀집 지역에서 발생한 최초의 에볼라 재난이기 때문에 지속 기간과 피해 규모가 예전보다 훨씬 크다. 이전의 에볼라 발생 지역은 인구가 적은 시골 마을이 대부분이어서 감염자 격리가 가능해 확산을 조기에 막을 수 있었다. 그러나 이번엔 서아프리카의 대부분의 대도시에서 발생해 확산을 막기 어려웠다.

♣108쪽
7. 독해력을 바탕으로 정보 압축 능력을 기른다.
☞ 예시 답안
 사람들을 죽음의 공포로 내몰았던 콜레라의 원인이 오염된 물임을 밝혔고, 콜레라와 다른 질병들이 사라지게 하는 데 큰 공을 세운 존 스노 여기에 잠들다.

8. 배경 지식이 필요한 문제다.
☞ 예시 답안
- 손을 자주 씻는다.
- 노약자는 독감 예방 접종을 꼭 한다.
- 공공 장소에서 마스크를 착용한다.

♣109쪽
9. 이야기를 구성하는 능력을 포함해 종합적 능력을 키우는 문제다.
☞ 예시 답안
 사람의 손은 끈임없이 무언가를 만지거나 집기 때문에 여러 가지 해로운 세균에 많이 노출됩니다. 또 자신이 만진 물건이나 음식을 통해 다른 사람에게도 병을 옮기기도 합니다. 해마다 유행하는 독감과 눈병, 식중독의 공통점은 손 씻기로 예방이 가능하다고 합니다. 그리고 깨끗해 보이는 사람의 손에도 한쪽에만 6만 마리의 세균이 붙어있기 때문에 오랜 시간 손을 씻어야 없앨 수 있습니다. 또 사람의 몸은 세균에 대해 어느 정도 저항력이 있기 때문에 적절한 손 씻기를 통해 세균의 숫자를 줄여주기만 해도 세균에 감염되어 생기는 병의 60퍼센트를 예방할 수 있습니다. 요즘에는 옛날보다 위생 상태가 좋아져 손 씻는 일을 소홀히 생각하기 쉬운데 나부터 손 씻기를 실천하고 주위 사람들에게 손 씻기의 필요성을 적극 알린다면 더욱 건강하고 행복한 사회를 만들 수 있을 것입니다.